글로벌
시민교육론
Global Citizen

글로벌
시민교육론
Global Citizen

김용신 지음

이담
Books

민주주의는 시민의 확장이라는 기본 논리를 전제로 진전되어 왔다. 사회계약론이 등장한 근대 계몽주의 시대 이후 민주주의 헌정체제가 점증적으로 성립되면서 시민 개념은 귀족과 부유한 자들의 전유에서 벗어나 정치사회를 실질적으로 구성하는 일상의 운영자들을 지칭하는 용어로 작동하고 있다. 시민이란 사회로부터 독립된 실체로서의 개인이나 공동체의 덕목을 전수받는 명예로운 재현체로 규정되지는 않는다. 자유와 평등이라는 신조 가치를 타자와의 관계 속에서 구사하는 문명화된 심의적 인간(deliberative person)을 의미한다.

글로벌사회는 또 다른 경계의 확장을 불러왔다. 민주주의의 기본 원리는 더욱 정교하게 기존의 민족국가를 초월하여 적용 범위를 넓히고 있으며, 사회적 소통체계의 무한 네트워크화는 글로벌 시민사회의 구축을 가능하게 하여 글로벌 시민(global citizen) 개념의 현실적 의미를 공고히 하고 있다. 시민이란 주권국가를 전제로 성립되고 유효한 것이 사실이다. 그러나 완전한 형태의 글로벌 주권이 성립되지 않았다고 해서 글로벌 시민의 현실 적합성을 부인할 수 없는 것도 사실이다. 민주주의, 정의, 환경, 분배, 평화, 인권과 같은 인간 친화적 용어들이 글로벌사회의 규범이 되어 주권의 연합과 연대를 지속적으로 자연스럽게 형성시키고 있다.

　우리나라는 다른 사회로부터의 이주가 일상화되면서 가시적으로 글로벌 다문화화 되고 있다. 전통적으로 제국(empire)의 전유물로 여겨졌던 글로벌교육이라는 분야가 내재적 의미를 확보하면서 학계와 교육 현장을 중심으로 논의의 실익을 갖게 된 것이다. 이 책은 글로벌교육을 국제이해교육, 다문화교육과 대비해 소개하면서 '뉴런에서 글로벌로, 글로벌에서 뉴런으로'라는 글로벌교육의 기본 논리를 세워 환경확대법을 재해석하고, 글로벌 시민과 시민성의 철학적 기저와 실제 교육과정에서의 구현 체계를 사회과를 중심으로 분석하며, 포용 차원에서 글로벌 정의(global justice)의 적용 가능성을 소수자와 제노포비아를 소재로 다루고, 글로벌 다문화사회의 정치사회화와 시민교육을 체계적으로 조망하는 논의를 담고 있다.

　제1부 글로벌교육의 이해는 『글로벌교육연구』(2009.12.)와 『국제지역연구』(2013.10.), 제2부 글로벌 시민과 시민성은 『사회과교육』(2012.03.)과 『사회과교육연구』(2013.02.), 제3부 글로벌 정의와 제노포비아는 『사회과교육』(2011.09.)과 『비교민주주의연구』(2012.12.), 제4부 정치사회화와 시민교육은 『사회과교육』(2010.12.)과 『세계지역연구논총』(2012.04.)에 실린 최근 논문들을 주요 출처로 한다. 물론 이러한 논제들이 『글로벌 시민교육』

이라는 고유의 글 그릇 속에 담겨지는 논리 전개 과정에서 새롭게 수정 보완되고 가필과 재구성 작업을 거쳤다는 점을 밝힌다.

민주주의 시민교육은 좋은 시민 형성을 지향한다. 글로벌사회는 민주적 절차와 참여를 토대로 평화로운 세계의 구축, 정의로운 분배의 추구, 생태적 질서의 유지를 모색하므로 새로운 규모와 형태의 민주주의 공동체로 여겨질 수 있다. 글로벌 시민교육은 좋은 글로벌 시민과 시민성의 형성에 주안점을 두는 연구 분야로 지칭될 수 있다. 필자의 입장에서 볼 때, 글로벌사회와 시민, 시민성에 대한 이해와 통찰을 선도해온 서울교대 글로벌교육연구소와 글로벌교육연구학회의 창립, 학술지『글로벌교육연구』창간은 보람된 일이었으며, 연계된 하나의 연구 결과물인 이 책이 글로벌 시민교육을 담당하는 교원과 학부 및 대학원생, 관련 교육기관 및 시민단체에 작은 도움이 되기를 소망해 본다.

2013. 11.

서초동 연구실에서

■ CONTENTS

01

글로벌교육의 이해

21세기의 가장 큰 특징은 인간의 자유와 이성, 사회 제도에 관한 논의를 새로운 차원에서 진행하는 협진(co-evolution) 패러다임으로의 전환이라고 볼 수 있다.

1. 글로벌교육의 정의

Ⅰ. 글로벌 다문화 현상

21세기의 가장 큰 특징은 인간의 자유와 이성, 사회 제도에 관한 논의를 새로운 차원에서 진행하는 협진(co-evolution) 패러다임으로의 전환이라고 볼 수 있다. 푸코(Foucault)와 기든스(Giddens)는 근대 이성이 만들어 준 시간과 공간이 인간이 가야만 하는 일정표가 되기에는 역부족이라는 사실을 포스트모더니즘과 제3의 길로 간파하였다. 기존의 전통적 국가와 권력을 지칭하는 메타내러티브들은 역사상 최대 활성화된 '개별-총체' 간 소통 체계의 등장과 수많은 내러티브들의 등장으로 구조적 변화를 받아들일 수밖에 없는 상황에 처해 있다.

이러한 협진 패러다임의 실천 양상은 세계 도처에서 나타나고 있으며, 지금 한국 사회에서도 글로벌 다문화화(global multicultu-ralization) 현상이라는 기표로 풍미하고 있다. 세계 차원에서 다양한 개별 주체들의 활동 증가는 국민국가(nation state) 간 경계를 흐리게 하는 글로벌 현상을 심화시키고 있으며, 국내 차원에서 이주민의 급속한 유입은 다수와 소수, 중심과 주변의 경계를 재해석하게 만드는 다문화 현상을 초래하고 있다(김용신, 2009: 8).

여기서 중요한 것은 글로벌 다문화화라는 용어가 함의하듯이 글로벌화와 다문화화 현상이 분리된 채로 논의될 수 없는 불가분의 관계를 가지고 있다는 점이다. 글로벌화(globalization)는 사회 사이의 상호연관성을 넓히고, 깊게 하며, 가속화시키는 일련의 과정들이다. 글로벌화는 화폐, 상품, 사람, 정보가 국가의 경계를 넘어 이동하게 만들며, 세계 정치를 변환시키는 양상으로 사회를 연결시키고 있다(Kegley & Raymond, 2007: 272). 이와 같은 글로벌 시대의 유동성(mobility)은 필연적으로 다양한 인적·물적 자원, 이념과 가치의 국내와 국외, 역내와 역외를 가리지 않는 혼합적 이주 현상으로 나타나 전통적 국민국가의 정치적 단일성과 민족주의의 약화를 의미하는 다문화화 현상으로 귀결된다. 글로벌 현상 속에는 이미 다문화 현상이 상호연관성을 맺고 협진적으로 융화(infusion)되어 있는 것이다.

근래에 들어 한국 사회에는 세계화와 정보화로 인한 사회 변화 양상과 외국인 근로자, 결혼 이민자, 북한 이탈 주민 등 이주자의 대거 유입으로 새로운 사회구성원에 대한 교육이 커다란 관심사로 거론되고 있다. 글로벌 다문화사회에 적합한 교육 논리와 실천에 관한 논의가 진행되고 있는 것이다. 그러나 글로벌 다문화화라는 새로운 현상에 대한 본질적 검토에 의한 접근보다는 기존의 연구 경향이나 연구 집단의 관점의 견지, 혹은 외국의 이론과 실천 사례를 그대로 소개하면서 한국의 상황을 해석하려는 흐름이 진행되고 있다. 요컨대 기존의 연구전통에 의한 지식의 화석화와 방법론적 성화 현상이 새로운 현상에 대입되는 무의식적 혹은 과의식적 사색이 나타나고 있다.[01]

역사문화적으로 연구전통은 특정한 학자 집단 내에서 지속적으로 수행되는 인식론적·방법론적 가정의 집단사회화와 습성화를 통해 형성된다. 그리고 연구대상의 보편적 이미지에 관한 공통인식이나 합의가 어떠한 경로를 통해서이든 일단 이루어지면 패러다임 그 자체, 더 나아가서는 그러한 패러다임을 고수하고 있는 집단의 정체성과 결속력을 재생산하려는 현상유지의 역동성이 생성된다(김웅진, 1996: 17~18). 이러한 연구전통의 속성상 한국 사회에 새롭게 등장한 글로벌 다문화 현상에 대한 철학적 해석과 과학적 분석이 기존의 틀에 의해 그대로 번역되는 방법론적 왜곡 현상의 가능성이 언제든지 나타날 수 있는 것이다.

실제로 해방 이후 국제사회를 이해하기 위한 교육을 선도해 온 국제연합교육과학문화기구(UNESCO) 중심의 국제이해교육(EIU)이

---

01 여기서 말하는 연구전통(research tradition)이란 세상을 조망하는 렌즈(lens)로서의 패러다임(paradigm), 연구대상을 공유하는 권위적 학자 집단이 만들어낸 지식의 축적 방법론으로서의 연구 프로그램(research program), 이미 성화 현상 단계에 접어든 이론체계를 지칭하는 용어이다(김웅진, 1996: 15~44 참조).

유네스코 협동학교(ASP), 외국인과 함께하는 문화교실(CCAP) 등의 형태로 학교 교육에 관여해 오고 있다.02 그러나 유네스코 중심의 국제이해교육은 거의 유일한 국제사회에 관한 교육 활동이라는 기여적 관점에도 불구하고, 간헐적이며 계기교육 성격을 지닌 여행자 접근(tourist approach)에 머물러 비체계적이라는 비판을 받아왔다. 즉, 학교 교육과정에서 국제이해교육은 학생들이 배워도 되고 안 배워도 된다는 식의 교육활동으로 존재해 온 것이 엄존하는 현실이다.

이런 상황에서 1980년대 후반부터 나타나기 시작한 다문화 현상을 분석하고 교육적으로 대응하려는 다문화교육에 관한 논의가 2002년 이후 통계적 다문화 심도의 증가와 어우러져 급격하게 담론을 형성하고 있다. 실제로 우리나라 다문화 인구수는 2002년 63만여 명에서 2012년 145만여 명으로 지난 10년간 두 배 이상 크게 증가하여, 2013년 149만여 명에 달하고 있다. 이런 증가 추세가 지속된다면 우리나라 다문화 인구수는 2020년 250만여 명, 2050년 500만여 명에 이르러 현 총인구 대비 10%에 육박할 것으로 추정된다(출입국·외국인정책본부, 2013 통계자료 참조).

그러나 다문화 인구수의 증가에 따라 현실화된 다문화교육은 다수자와 소수자를 모두 고려하는 상호 포용적 관점에 천착하기보다는 사회적 약자로서의 다문화 소수자들을 교육의 대상으로

---

02 우리나라 국제이해교육은 1961년 유네스코 ASP에 가입함으로 시작되었다. ASP는 특별활동, 재량활동, 교과활동, 행사활동, 현장연구 형태로 세계문제와 유엔, 인권, 민주주의, 관용, 문화 간 학습, 환경과 지속 가능한 발전을 주제로 진행되어 왔다. CCAP는 1998년부터 실시해 온 국제이해교육 사업의 일환으로 국내 거주 외국인을 초빙하여 각국의 역사와 전통, 풍습, 문화를 직접 소개하는 프로그램이다(유네스코아시아·태평양국제이해교육원 편, 2003: 378~397 참조).

간주하는 정책적 측면의 접근을 취하면서 시작되어, 향후 국력 구성 요소로 나타날 것이 자명한 다문화가정 자녀에 집중하는 경향이 강하게 나타났다. 이것은 소수자를 중심 대상으로 하는 다문화교육에 편중된 논의에 그치는 이론적 한계를 지니고 있으며, 한국 상황에서 나타난 다문화 현상의 본질에 접근하여 교육적 대안을 제시하기보다는 미국과 같은 전통적인 다인종, 다종족 국가의 다문화교육 이론을 그대로 소개하고 추후 접점을 찾는 문제점을 노정하고 있다. 게다가 다문화교육을 유엔 산하기관 중심의 활동 집단 혹은 연구 집단이 국제이해교육과 관련지으면서 계속 주도해 나가려는 경향이 나타나고 있다. 새로운 연구대상현상에 대한 새로운 관점의 반영이 요청되는 시점이다.

우리나라의 글로벌 다문화 현상은 유럽이나 북미, 중국 등의 강대국과는 궤를 달리하는 측면이 강하다. 근대의 전통적 강대국들인 영국, 프랑스, 독일, 이탈리아 등은 국가의 힘에 의한 세계화를 구현하였고 강요된 형태의 제국주의 다문화가 진행된 유형이며, 이주 국가로 출발한 미국은 태생적으로 다문화 국가 형태를 띠어 사실상 다문화 자체가 글로벌을 의미하는 초강대국의 특성이 반영된 보편적 다문화 유형을 나타내고 있으며, 중국과 같은 소수민족 통합 국가는 글로벌 국가라기보다는 지역 중심 다문화를 구현한 역내 유형에 속한다. 이에 비하여 우리나라는 세계화와 정보화에 따른 전형적인 글로벌화에 의해 추동된 다문화라는 특성을 지닌다. 소통 체계의 혁신과 외국인 노동자의 자발적 이주, 쌍방향 국제결혼 등 전형적인 정보사회의 글로벌 다문화 유형에 속하는 것이다.

이 글은 한국 사회에 보편화된 글로벌 다문화 현상을 교육적으로 조망하고 해석하여 공동체에 실질적으로 기여할 수 있는 근저 논의로써 글로벌교육의 연구전통을 비판적으로 검토하고 재해석하려는 의도를 담고 있다. 글로벌교육(global education)은 학습자들이 지방과 지역, 세계 차원을 연계시켜 인식하고 불균형(inequality)에 대해 관심을 가지도록 하는 교육이다. 따라서 비판적 사고력과 책임 있는 참여를 고취하여 인권과 사회정의를 강조하게 되며, 민주주의, 다문화와 문화 간 교육을 포함하는 개념이다(Osler & Vincent, 2002: 1~2). 이런 입장과 관련된 글로벌교육 계보는 국제이해교육, 세계시민교육, 국제교육, 세계교육, 환경교육, 인권교육, 평화교육, 발전교육, 다문화교육, 문화 간 교육, 타문화교육, 이문화교육, 민주주의교육 등으로 소개되어 왔다.

주지하듯이 글로벌교육 계보 중 학문적으로 현실적으로 가장 커다란 영향력을 미치고 있는 영역이 국제이해교육과 다문화교육이다. 그러나 전술한 것처럼 기존의 국제이해교육이나 다문화교육의 연구전통으로는 현재 진행 중인 한국 사회의 글로벌 다문화 현상을 교육적으로 분석하고 국가사회 발전과 개인의 행복 추구를 위한 경쟁력 제고에 긍정적으로 공헌할 수 있는 논리와 실천력을 담보하기에는 부족하다. 그러므로 보편화된 현상에 대한 부분적 대응 논리로써 국제이해교육이나 부분화된 현상에 대한 화석화된 대응 논리로써 다문화가정 자녀교육은 지양되어야 한다. 이를 학문, 실천, 논리, 현장 국면에서 포용할 수 있는 연구전통으로 글로벌교육의 이론적 체계화와 공식 교육에의 일반화된 적용 과정이 필요하다.

II. 글로벌교육의 연구전통: 비판적 접근

우리나라 글로벌교육의 주요 연구전통은 오래전부터 논의되어 온 국제이해교육과 최근 논의가 시작된 다문화교육으로 규정지을 수 있다. 정두용 등(2000)은 국제이해교육의 여러 개념으로 국제이해교육, 세계교육, 발전교육, 다문화교육, 국제교육, 세계시민교육, 국제지역연구로 나열하면서, 국제이해교육은 유네스코의 중심 사업 영역에 따라 국제이해 및 협력교육, 평화교육, 인권교육, 민주주의교육, 관용교육 등을 포괄하는 것으로 정리하고 있으며, 다문화교육은 문화 간 교육, 이문화 교육으로도 지칭한다고 말한다(pp.15~19 참조). 여기서 글로벌교육 연구전통의 문제점은 국제이해교육 연구가 이미 프로그램의 성화(sacralization)에 도달하고 있다는 것과 이에 따라 붙는 현상으로 개념 확장에 의한 모호화(ambiguitization)에 관한 것이다. 구체적으로 국제이해교육은 아래와 같이 정의 서술된다.

국제이해교육(education for international understanding)은 유네스코를 중심으로 과거 50여 년 동안 널리 사용되어 온 용어이다. 유네스코가 국제이해교육이라는 용어를 사용하기 시작한 것은 1946년 런던에서 개최되었던 제1차 유네스코총회에서부터이고, 그 후 이 용어는 '세계시민교육', '세계 공동사회에서의 삶을 위한 교육', '국제이해와 협력을 위한 교육', '국제이해, 협력 및 평화를 위한 교육' 등의 명칭으로도 쓰여 왔다.
1974년 유네스코 제18차 총회에서 전 지구적인 문제에 대한 교육적인 대안으로 '국제이해, 협력, 평화를 위한 교육과 인권, 기본 자유에 관한 교육 권고'를 채택하고 유네스코 국제이해교육의 기본방침으로 제시하였다. 또한 이 권고문은 권고의 명칭이 너무 길어 간결하게 '국제교육'이라고 줄여서 쓸 수 있음을 언급하고 있다. 이 권고문의 특징은 국가 간 이해나 협력의 차원을 넘어 인구, 식량, 자원, 환경, 에너지 등과 같은 전 지구적 문제들의 상호의존적인 측면과 세계 공동체 의식을 강조하고 있다.

그 후 20년이 지난 1995년 유네스코 제44차 국제교육회의에서는 '평화, 인권 및 민주주의를 위한 교육' 선언문과 그 실천체계를 채택하면서 다시 한번 국제이해교육의 중요성을 확인하고 있다. 특히 본 선언문에는 민주주의 개념을 추가하고 있는데 이것은 소련 등 공산권의 몰락과 관련이 있는 것으로 보인다.

위와 같은 변천을 거쳐 현재 유네스코에서 사용하는 국제이해교육의 사업명칭은 '평화의 문화를 위한 교육'이라는 사업 내에 '평화, 인권, 민주주의, 국제이해와 관용을 위한 교육'으로 되어 있다. 여기에 관용의 부분이 삽입된 것은 1995년을 세계관용의 해로 정한 것과 관련 있다(정두용 외, 2000: 15~16 참조).

국제이해교육 연구 프로그램은 국가 국민 간 이해, 국제 협력, 평화, 국제기구와 같은 국제사회의 평화체제 구축으로부터 출발하여 점차 자유, 인권, 민주주의, 문화 등으로 연구 영역을 넓혀 왔다. 국제적 상황의 변천에 따라 국제이해교육의 명칭과 목표, 내용 등이 포괄적 경향으로 변화해 왔음을 알 수 있다. 이것은 국제이해교육이라는 연구전통이 성립되어 온 전형적 과정으로 볼 수 있다. 일군의 학자, 전문가 집단 혹은 기관 관계자 등이 주도적으로 학문 패러다임의 패권을 형성한 것이다. 연구전통의 세속적인 성화 현상이 나타난 것이다.

여기에 덧붙여 국제이해교육 연구전통은 모호화 경향을 보이고 있다. 최근 국제이해교육의 연구 및 실천 프로그램을 실질적으로 침식해 나가는 다문화교육을 국제이해교육의 연구전통 속에서 해석하거나 포함하려다 보니 성화 현상에 필연적으로 이어지는 학문적 모호성이 추가되어 국제이해교육의 핵심 영역이 무엇인지 명료화할 수 없는 양상으로 전개되고 있다. 글로벌교육 연구전통의 성화와 모호성은 생산된 지식의 화석화(petrification) 양상으로 번질 가능성이 크다. 한국 사회에 적합한 글로벌교육 연구전통이 무엇인지, 학교 교육과정에 실제적으로 영향을 미칠 수 있는 이론과 실천체계는 어떤 것인지, 글로벌교육 지식이 가진 내재적 역동성을 학문적으로 전환할 가능성과 방법은 없는 것인지에 대한 끊임없는 추구가 필요한 까닭이 여기에 있다.

이런 관점에 김현덕(2007)의 견해는 연구전통의 성화라는 한계와 함께 새로운 가능성을 동시에 열어 두고 있다. 그는 국제이해교육이 다문화교육을 포괄할 수 있는 영역이기는 하지만 국제지향성과 국내지향성이라는 측면에서 차이를 가진다는 점을 지적한다.

> 국제이해교육과 다문화교육은 서로 다른 배경과 동기로부터 시작하였다. 국제이해교육의 배경은 세계화의 진행에서 찾는다면 다문화교육은 한 지역이나 국가의 다인종화 혹은 다문화화에서 찾을 수 있을 것이다. 즉, 국제이해교육은 국경을 초월하여 전 세계인이 하나의 공동체적 시각을 갖고 세계문제를 이해하고 해결해가는 방법을 찾는 교육이라면 다문화교육은 특정 지역에 [공생하는][03] 여러 문화권의 사람들이 서로 공존하는 가운데 조화롭게 살아가기 위한 교육이라고 하겠다(김현덕, 2007: 217).

---

03 [ ]는 필자가 글의 논리적 맥락이나 필요에 따라 인용문의 용어를 전환 혹은 보완 서술했다는 표시이다.

이런 견해는 일견 명료해 보인다. 하지만 국제이해교육과 다문화교육의 출발점을 상이하게 제시하였다는 것, 각각의 연구 프로그램에 의거 연구대상을 구분했다는 것 외에는 현실적 적합성을 상실한 논리라는 비판을 감내할 수밖에 없다. 특히 우리나라의 경우 글로벌화와 다문화화가 동시다발적이면서도 순차 복합적으로 진행되었다는 점에서 공간과 시간을 명백히 구분할 수 없는 현상에 대한 상이한 분석 논리와 방법은 연구전통의 성화 현상을 그대로 반영하는 예시라 할 수 있다. 달리 생각할 수 있는 길을 열어놓지 않는 폐쇄적 성격의 패러다임을 서술한 것으로 해석될 수 있다. 글로벌 다문화 현상이란 사실상 하나의 궤적을 그리면서 진행되는 보편 현상에 가깝기 때문이다. 그러나 연구전통 집단에 속한 학자들이나 관련자들이 아래와 같은 주장을 되풀이하고 지속시키면 글로벌 다문화에 대한 교육적 접근은 기존의 언술구조를 반복할 가능성이 커진다.

> 다문화교육과 국제이해교육은 서로 구별되는 개념이다. 따라서 국내의 다문화적 갈등 상황에 주목하는 다문화교육이 국제이해교육을 대체할 수 있다거나, 반대로 세계적인 시각을 강조하는 국제이해교육이 다문화교육을 대체할 수 있다고 하는 주장들은 그 논거가 빈약하다고 할 수 있다(김현덕, 2007: 223~224).

위의 글을 보면 국제이해교육과 다문화교육에 관한 분리 연구전통의 굳건함을 다시 엿볼 수 있다. 상호배타적인 연구대상을 설정해 놓고 대체 불가능성을 언급한다. 국제이해교육과 다문화교육은 글로벌 다문화 현상이라는 복합 현상을 구분하여 서술하고, 설명하고, 예측하는 이론화 과정의 대립 관계 속에서 수행되어야 한다. 연구 프로그램의 성화는 외부 변환을 어렵게 한다. 유사한 용어들을 일상적으로 구사하는 일군의 사람들이 잠재적이든 명시적이든 동의를 구하고 그 속에서 학문 생활을 지속하는 한 그렇다. 글로벌교육의 연구전통 계보로써 국제이해교육과 다문화교육의 분리 패러다임은 또 다른 형태의 닫힌 연구전통으로 지속될 문제점을 지닌 견해로 보인다. 다만 쿤(Kuhn)이 말한 과학 혁명으로서의 패러다임의 진보 가능성이 기존의 글로벌교육 연구전통에서 아예 배제된 것은 아니라는 점이 강조될 필요가 있다. 아래의 글을 보면 국제이해교육과 다문화교육의 실천적 차원에서의 혼용 혹은 통합의 가능성이 일정 부분 언급되어 글로벌교육 연구전통의 변혁 가능성을 열어 두고 있다.

> 이론적 관점의 차이에도 불구하고 학교 현장에서 국제이해교육과 다문화교육은 혼용되어 실천되는 경우가 많았다. 국내 차원에서 다양성 존중 및 평등 문제를 다루는 것이 부담스러운 반면, 보다 멀리 떨어져 있는 아프리카 국가나 일본의 사례를 다루기가 수월하였기 때문이다. 또한 소수자에 집중하던 다문화교육이 세계화 현상의 심화에 따라 생태환경, 인권, 자원 등의 문제를 내용으로 하는 세계적인 관점의 교육까지 포함하게 되면서 국제이해교육과의 통합 현상이 나타나게 되었다(김현덕, 2007: 219).

국제이해교육 차원의 다문화 이해라는 연구전통의 특성이 체계적 국제이해교육과 다문화교육의 통합이라는 새로운 차원으로 전환될 일단의 가능성이 나타난 것이다. 현실적으로 특정 연구전통의 변혁은 그 내부에서 자생적으로 나타나는 범법성으로부터 역동성을 얻게 된다. 다시 말해서 범법적 연구(outlaw research)를 창출해낼 수 없거나 혹은 범법적 연구의 출현을 억압하는 연구전통은 변혁의 잠재성을 이미 상실하였다고 볼 수 있다(김웅진, 1996: 58). 그러나 위의 견해는 글로벌교육 연구전통이 이론적, 실천적 학문 구조를 가진 체계화된 패러다임으로의 변환 가능성을 엿보게 한다.

한편, 다문화교육 장르의 경우에도 국내 대서사체 형태의 연구 프로그램에 얽매여 자칫 국제이해교육의 성화와 모호성 전통과 동일한 형태의 학문적 전통 성립과 유지에 몰두할 가능성이 '다문화 쓰나미'라는 표현 속에서 싹트고 있다. 과소 현상에 대한 과잉 담론이라고 할 정도로 21세기 초 한국 사회에 풍미하고 있는 다문화교육 연구 프로그램들은 '글로벌'이라는 추동력을 외면한 채 오직 다문화가정이라는 일부 소수자 집단의 교육에 집중하는 연구 대상과 문제의 편식 현상을 나타내고 있다. 일반적으로 다문화교육이란 학생들의 문화적 배경을 학교 수업과 환경에 효과적으로 반영하는 교수 전략을 의미하며, 공식 학교 환경에서 문화, 다양성, 평등, 사회 정의, 민주주의 개념의 확장과 조장을 지원하도록 설계된다(Gollnick & Chinn, 2002: 5). 즉, 소수자와 다수자, 국내와 국제적 환경의 분리를 전제하지 않는다. 이러한 입장은 아래 정의에 그대로 드러나 있다.

다문화교육은 사회 정의와 형평이 실현되는 정교한 민주주의 사
회로의 변환이 가능하도록 개인과 집단의 문화 정체성을 인정하
면서 주류와 주변부의 경계를 완화하여 인종, 종족, 젠더, 계층, 종
교, 집단, 지역에 관계없이 학생들이 동등한 성공 기회를 실질적
으로 보장받도록 하는 교육을 말한다(김용신, 2009: 131 참조).

다문화교육의 국내 한정성, 소수자 집중성, 다수자로부터의 분
리 등의 제한을 인정하지 않는 입장이다. 다문화교육의 연구대상
은 정교한 민주주의 원리의 실현을 목표로 학생들이 동등한 성공
기회를 실제 부여받도록 지원하는 중립적 개념이다. 따라서 글로
벌 현상을 배제하거나 역외 상황을 연구대상에서 제외하는 다문
화교육의 연구전통 성립은 글로벌교육이라는 새로운 패러다임 속
에 융화될 필요가 있다. 특히 우리나라와 같이 글로벌 정치경제의
구조적 영향력을 심대하게 받는 국가에서는 다문화교육이 국내지
향적으로 한정되어서는 앞으로의 국가 경쟁력 제고에도 어려움을
자초하고, 현재 국내에 있는 다양한 문화적 인간 잠재력을 스스로
포기하는 오류를 범할 가능성이 크다. 따라서 새로운 연구전통의
모색과 변혁이 필요한 시점이다. 이와 관련된 비판적 견해는 아래
와 같다.

우리나라 다문화 현상에 대한 교육적 인식과 대안을 추구하는 다
문화교육은 동화주의와 다문화주의, 소수자와 다수자, 협역문화와
광역문화, 분리와 통합이라는 전략적 차원에서 접근하기보다는 이
주자 집단에 대한 주류사회의 일방적 보상과 시혜라는 성격이 강
하다(김용신, 2009: 9).

위의 글이 함의하는 것은 다문화 현상에 대한 전략적 접근의 권유이다. 국내 다수자 집단의 소주 이주 집단에 대한 시혜적 성격의 다문화교육에서 벗어나 글로벌 차원을 포함하는 전략적 다문화교육 연구 프로그램이 등장하고 실현되어야 다문화 현상의 본질에 도달하는 교육적 대안이 마련될 수 있다는 언급이다. 사실상 글로벌 시대의 국민국가는 국경을 넘는 이주자들의 이동을 규제할 힘을 잃어가고 있다. 글로벌화가 국민국가의 주권을 침식하듯이(Kegley & Raymond, 2007: 287) 국내에 한정된 다문화교육 논리도 입지를 좁힐 수밖에 없는 것이 현실이다.

21세기 한국 사회의 학생들은 환경, 보건, 경제, 핵무기, 국제분쟁이 글로벌 국면에서 증가하면서 복합적으로 작용하는 시대에 살고 있다. 따라서 학교는 이웃, 공동체, 국가에 더하여 세계를 포함하는 영역에서 학생들이 스스로를 성찰할 수 있도록 지원해야 한다(Carlsson-Paige & Lantieri, 2005: 107). 이것은 기존의 국제이해교육과 다문화교육이 선도하고 주도하는 연구전통 패러다임으로는 접근하기 어려운 과제이다. 글로벌교육이라는 새롭고도 명료하게 체계화된 연구전통이 연구 집단 내부에서 스스로 성립되어 글로벌 다문화 현상으로 지칭되는 새로운 연구대상을 교육적으로 조망하는 프로그램들을 창안하고 끊임없이 변혁시켜 나가야 할 것이다.

2. 글로벌교육의 논리

Ⅰ. 글로벌교육의 기본 논리

글로벌교육은 글로벌 다문화사회에서 시민형성을 왜, 무엇으로, 어떻게 해야 하는가의 문제이다. 교육이란 한 사회에서 함께 잘 잘아가는 방법을 학교에서 배우는 과정이고, 글로벌04이란 교육의 범주를 의미한다. 따라서 글로벌교육이란 나, 이웃, 학교, 지역사회, 지방, 국가, 지역, 세계 차원에서 공존하고 공영하는 방법을 배우는 과정이 되어야 한다. 결국 글로벌교육 개념화의 핵심은 글로벌 시민성(global citizenship)의 성격을 규명하는 일로부터 비롯되는 것이다.

04 글로벌(global)이라는 기표는 '나'와 '세계'의 직접 소통이 원활하게 가능하다는 기의로부터 다가온다. 요컨대 글로벌이란 개별성, 보편성, 일반성을 포함하는 총체성을 의미한다.

21~22세기 글로벌 시민성 개념은 지방과 국가로부터 세계로 확장되어 닫힌 국가 사회에 대한 충성심은 전 세계를 향하여 열릴 것을 요구한다. 모든 인간이 함께 공존하고 공영하는 지구촌 시대의 시민성은 인간을 향한 열정, 존중, 관심, 호기심, 보존을 포함한다(McIntosh, 2005: 23). 그러므로 글로벌교육은 학생들이 오늘날 세계에서의 국가 간 상호의존성을 이해하고, 다른 국가에 대한 태도를 명료화하며, 세계 공동체에서 성찰적 정체성을 발전시켜 나가도록 도와주는 것을 주요 목표로 해야 한다(Banks, 2009: 50). 자아로부터 사회와 국가, 세계 차원의 정체성을 함양하는 것이 글로벌 시민성의 기본 요건이다.

이때 글로벌 시민성의 다차원성 혹은 중첩성이 종종 문제가 된다. 각 차원이 가진 특성에 의한 갈등 양상이 시민성 간 나타날 수 있다는 견해이다. 그러나 지방 시민성, 국가 시민성, 지역 시민성(예컨대 유럽 시민성), 글로벌 시민성은 긴장 관계가 필요하지 않다. 개인들에게 글로벌 시민성이 국가 시민성을 거부하라고 요구하지 않으며, 또한 차원을 낮추라고 말하지도 않는다. 글로벌 [세계] 시민성 교육은 학습자들에게 상존하는 즉각적인 상황과 글로벌 상황을 연계 지을 것을 요구하며, 따라서 총체로서의 시민성 학습을 포괄하는 개념이다(Osler & Vincent, 2002: 124). 말하자면, 다른 맥락에서의 경험을 한 개인들은 다른 국가 정체성을 가질 수도 있으며, 이것은 글로벌 시민성에 영향을 주는 글로벌 정체성과 상충되지 않는다는 의미이다.

뱅크스(Banks, 2009)에 따르면 문화, 국가, 글로벌 정체성은 상호 작용적이며 별개의 것이 아니다. 비성찰적이며 검토되지 않은 문화적 연대감은 명료하게 규정된 국가목표와 정책을 가진 응집력 있는 국가로의 발전을 저해할 것이다. 우리가 학생들로 하여금 성찰적이고 명료한 문화정체성을 갖도록 도울 필요가 있지만, 학생들도 자신의 국가정체성을 명료화하도록 도움을 받아야 한다. 그러나 맹목적인 민족주의는 학생들이 성찰적이고 긍정적인 글로벌 정체성을 배양하지 못하게 할 것이다. 대부분의 국가에서 민족주의와 국가적 연대감은 강력하고 완고하다. 시민성교육의 중요한 목표는 학생들의 글로벌 정체성의 개발을 돕는 것이다. 또한 학생들은 세계의 난제 해결을 돕기 위해 글로벌 공동체의 시민으로서의 행동 필요성에 대한 깊은 이해를 할 수 있어야 한다. 문화, 국가, 글로벌 경험과 정체성은 역동적으로 상호작용하며 연관되어 있다(p.238).

위에서 언급된 정체성이 인간의 자아 정향(orientation)의 결정 요소라면, 시민성은 관계 정향의 결정 요소로 볼 수 있다. 정체성은 시민성의 구성 요소로 여겨질 수 있는 것이다. 문화 정체성이란 개인의 자아와 지방, 종족 정향 시민성이며, 국가 정체성은 민족과 국민국가의 정향 시민성이고, 글로벌 정체성은 지역 및 세계 정향 시민성을 구성한다는 의미이다. 이런 입장에서 보았을 때 글로벌 시민성이란 문화, 국가, 글로벌 정체성의 융화에 의한 총체적 시민 정향으로 볼 수 있다. 이들은 글로벌 다문화사회에서 상호 연계되어 보완하는 관계 위주로 나타난다. 민족주의와 국가주의에 의한 정체성의 일방적인 강요된 희생 혹은 남용 현상은 더 이상 가치를 가질 수 없는 것이 소통의 극대화 구조로 이루어진 글로벌 시대의 특성이다. 글로벌 시민성을 고려하지 않는 국가 시민성 혹은 개별 시민성은 역내외적으로 경쟁력을 상실할 수밖에 없으며, 각각의 정체성 차원은 개방된 협력 구조 속에서 의미를 획득할 수 있는 시대가 도래한 것이다.

글로벌교육의 연구대상현상에 관한 논의는 무엇, 즉 내용 요소에 관한 것이다. 연구대상으로써 글로벌화의 성격을 보면, 초국적 기업에 의한 글로벌 경제의 증가, 뉴미디어 소통 체계의 등장으로 인한 생산, 무역, 이념과 문화 가치의 혁신적 변화, 지역 경제의 융합(NAFTA, APEC, EU 등), 높은 수준의 인구 이동과 교류, 초국적 제도(WTO 등)와 합법적인 정치경제 관계의 규제, 상호의존의 복합 패턴 등으로 규정지을 수 있다(Brock, 2009: 9). 글로벌 경제, 문화, 교류, 제도, 정치, 복합적 요소들이 글로벌교육의 연구 영역이며 내용 요소이다. 이것을 학생들이 글로벌 시민으로 성장하기 위해서 배워야 할 커다란 주제로 환원하면, 지구위원회(Earth Council, 2002)가 발표한 지구헌장(Earth Charter) 네 가지, 첫째, 공동체 생활을 존중하고 관심 갖기, 둘째, 생태적 통합, 셋째, 사회 경제적 정의, 넷째, 민주주의, 비폭력, 평화 등으로 정리할 수 있다.

구체적으로 말하면, 글로벌교육을 받은 교양 있는 시민들은 지방 공동체와 세계 수준에서 스스로의 정체성에 대해 확신을 가져야 하고, 평화와 인권, 민주주의를 위해서 기여해야 한다. 이를 위해 글로벌 시민들은 아래와 같은 가치와 태도, 지식, 기능을 갖추어야 한다(Osler & Vincent, 2002: 22~23).

- 변화와 불확실성에 대응하는 기능 습득
- 시민 책무성에 대한 인식과 개별적 책임 의식

- 협력하여 공정하고 평화로우며 민주적인 공동체를 만들고, 문제 해결하기
- 젠더, 종족, 문화 다양성에 대한 존중
- 개인, 사회 역사, 문화 전통에 의해 형성된 세계관 인식
- 특정 개인이나 집단이 문제의 유일한 답을 가질 수 없다는 것에 대한 인식
- 문제 해결 가능성에 대한 긍정적 이해
- 평등하게 다른 사람과 타협하고 존중하기
- 인간에 대한 열정과 연대감
- 비폭력적 방식으로 갈등 해결
- 합리적인 선택과 판단
- 더 좋은 미래에 대한 비전
- 문화유산 존중
- 환경 보호
- 지속 가능한 발전에 적합한 생산과 소비 양식의 선정
- 즉각적인 기초 수요와 장기적인 이익 간의 조화를 고려
- 국가와 국제 수준에서의 연대 의식과 형평성의 증진

오슬러와 빈센트(Osler & Vincent)가 제시한 글로벌교육의 영역별 주제를 지구헌장을 준거로 분류하여 지식, 기능, 가치·태도 요소로 구체화하면 <표 2-1>과 같다. '공동체 생활에 대한 존중과 관심'은 역사문화적으로 형성된 세계관 인식, 사회변화 적응 기능, 공동체에 대한 책임의식과 문화유산 존중 태도 등이 포함되고, '생태적 통합'에는 긍정적 문제해결 인식, 환경보호, 연대의식과 미래 긍정적 비전 등이 분류될 수 있으며, '사회경제적 정의'에는 지속 가능한 발전을 위한 경제생활, 합리적 선택과 장단기 비용 효과 분석, 평등하게 타협하기와 존중 등이 속할 수 있으며, '민주주의, 비폭력, 평화'는 형평성 인식, 공정하고 평화로운 공동체 만들기와 비폭력적 갈등해결 기능, 다양성과 국제적 연대 의식 등을 포괄할 수 있다.

<표 2-1> 글로벌교육의 영역별 주제

지구헌장	지식	기능	가치·태도
공동체 생활에 대한 존중과 관심	• 개인, 사회 역사, 문화 전통에 의해 형성된 세계관 인식	• 변화와 불확실성에 대응하는 기능 습득	• 시민 책무성에 대한 인식과 개별적 책임 의식 • 문화유산 존중
생태적 통합	• 문제 해결 가능성에 대한 긍정적 이해	• 환경 보호	• 인간에 대한 열정과 연대감 • 더 좋은 미래에 대한 비전
사회경제적 정의	• 지속 가능한 발전에 적합한 생산과 소비 양식의 선정	• 합리적인 선택과 판단 • 즉각적인 기초 수요와 장기적인 이익 간의 조화를 고려	• 평등하게 다른 사람과 타협하고 존중하기
민주주의, 비폭력, 평화	• 특정 개인이나 집단이 문제의 유일한 답을 가질 수 없다는 것에 대한 인식	• 협력하여 공정하고 평화로우며 민주적인 공동체를 만들고, 문제 해결하기 • 비폭력적 방식으로 갈등 해결	• 젠더, 종족, 문화 다양성에 대한 존중 • 국가와 국제 수준에서의 연대 의식과 형평성의 증진

새로운 세기의 시민은 <표 2-1>에서 제시한 영역별 주제 요소들을 습득해야 한다. 학생들은 그들의 종족, 문화 공동체 안에서 유효하면서 동시에 문화적 경계를 넘어서는 데 필요한 지식, 태도, 기능이 필요한 것이다. 또한 세계적으로 종족, 문화, 인종, 종교적 다양성이 증가하고 있는 상황에서 글로벌교육의 내용 요소들은 학생들이 21세기에 효과적으로 적응할 수 있도록 준비하는 실질적 방법을 통하여 학교 교육과정에 반영되어야 한다. 여기서 말하는 실질적 방법이란 학생들이 도덕적인 국가 시민문화 구축과 보편적 인권선언에서 구체화된 것과 같은 민주적 이상과 가치가 실

현되는 공정한 글로벌 공동체를 만들기 위해 참여해야 한다는 것을 말한다(Banks, 2009: 45). 범례를 들면, 글로벌 의식을 함양하기 위해서는 환경보존 경험을 가져야 하고, 의사결정과 친사회적(prosocial) 행동에 참여할 기회가 있어야 하며, 성인들에 의해서 형성된 친사회적 행동을 검토해야 하고, 관점 갖기와 갈등 해결과 같은 기능을 발달시키며, 불공정성에 대응할 기회를 가져야 한다는 것이다(Carlsson-Paige & Lantieri, 2005: 107).

글로벌 시민성 함양을 위한 다양한 영역에의 참여학습(participative learning)은 "다른 사람의 발전을 통하여 나의 발전을 모색한다" *finding one's development through the development of others*는 원칙에 따라 실천되어야 한다(McIntosh, 2005: 25). 글로벌 다문화사회는 다양성과 역동성을 특성으로 한다. 광역(macro)과 협역(micro) 차원의 동일한 공간과 장소에 여러 가지 문화가 존재하면 서로 다른 생활양식과 준거 가치가 함께 작동하여 일상을 꾸려 나가게 된다. 이때 상호 이해 우선이냐 통합 우선이냐의 문제가 발생한다. 이해 우선이란 글로벌 다문화 상황을 인정하고 새로운 질서에 관한 지식 구축을 허용하여 통합에 도달하려는 노력이며, 통합 우선이란 기존의 주류 지식에 따라 다문화를 해석하여 중심 문화 속으로 들여오려는 시도이다. 어느 것이나 문제는 있으나 '다른 것'을 인정하는 방식을 취해야만 나와 다른 사람의 공존이 가능하다는 민주적 원리가 해결의 중심 잣대가 되어야 할 것이다(김용신, 2009: 66). 국가별 글로벌 다문화 양상에 따라 이해와 통합의 순차적 혼합 방식이 글로벌교육에 적용되어야 하되, 그 원칙은 형평주의

(egalitarianism)에 근거해야 한다는 의미이다. 글로벌교육은 결국 글로벌 공정성(global justice)의 추구와 실현이기 때문이다.

Ⅱ. 글로벌교육의 변환

> 글로벌화로 인한 상호연관성은 가능성과 문제를 동시에 발생시킨다. 글로벌화는 많은 경로의 운송 라인들을 구축하여 예기치 못한 수준의 부를 창출하기도 하고, …… 반면, 글로벌화는 해고 노동자들이 수입 손실을 감당할 수 없게 만들어 …… 또 다른 장소로 이동하게 하여 대규모 사회적 긴장을 유발시킨다(Kegley & Raymond, 2007: 272).

글로벌 다문화 현상을 이해하기 위한 교육적 시도를 총칭한 것이 글로벌교육이다. 글로벌교육에는 세계교육, 세계시민교육, 국제교육, 인권교육, 평화교육, 문화 간 교육, 민주주의교육, 발전교육, 환경교육 등 다양한 장르가 존재하지만 국제이해교육과 다문화교육이라는 두 가지 연구전통으로 환원되어 담론을 형성해 나가고 있다. 물론 연구영역의 국제지향성과 국내지향성, 연구집단의 기관 중심과 현장 중심, 연구방법의 대서사성과 서사성 등 연구 프로그램으로서의 상이성을 가진 것이 사실이다. 그러나 가장 중요한 연구전통 성립요건으로 연구대상현상이 지닌 본질을 생각건대 국제이해교육이나 다문화교육은 한국 사회의 글로벌 다문화 현상을 제대로 조망하고 분석하며 해석하기에는 난망한 것이 또한 사실이다.

실례로써 국제이해교육 연구 프로그램은 자꾸 다문화교육과의 차이를 인정하면서도 이를 포괄하고자 시도하고 있으며, 다문화교육의 경우에도 국제이해와 문화교류 등 영역 확장에 나서도 있다. 이것은 최근 실천되고 있는 국제이해교육과 다문화교육의 비체계적인 적용 양상에 그대로 드러나고 있다. 어느 것이나 연구전통이 지닌 현상유지 패권적 속성을 드러내는 경향이 엿보이는 것이다. 현상의 본질에 접근하여 적합한 교육적 대안을 제시하기 위해서는 연구 프로그램을 주도하거나 선도하는 세력의 자생적 혁신 과정이 필요하다. 연구전통의 변환 없이 한국 사회에 개별, 보편, 일반화되고 있는 글로벌 다문화화 현상이 가진 복합성에 심층 접근하여 개인, 지방, 국가, 세계에 적합한 교육 논리를 생산하려면 패러다임의 진보라는 측면에서 학문적 기회비용의 손실을 감내하면서 진행될 수밖에 없을 것이다.

글로벌 다문화화는 섬세한 과정이다. 현상의 본질이 개인으로부터 국제기구에 이르기까지의 다주체성, 종족문화로부터 글로벌 문화까지의 다차원성, 여러 수준에서 겹쳐 나타나는 부정으로부터 긍정까지의 다면성 등으로 짜여 있기 때문이다. 예컨대 뱅크스(Banks, 2009)의 주장대로 글로벌 차원에서 국가와 사회는 문화, 종족, 언어, 종교적 다양성을 갖고 있다. 따라서 민주주의 국가의 과제는 문화 집단과 종족 집단들이 그들의 공동체 문화 요소를 유지하는 것과, 다양한 집단들이 구조적으로 포함된 국가를 건설하는 것이다. 만일 모든 문화 집단들을 구조적으로 포용하지 못하고 소외시키는 국가는 공통된 목표와 정책보다는 구체적인 관심사와 쟁점에 더욱 집중하는 집단을 만들어 내며, 이방인을 생산하는 위험에 처하게 된다(p.52). 여기서 문제가 되는 것은 다양성과 단일성의 복잡한 함수관계를 분리하여 해석하려는 프로그램들이다. 이미 총체적으로 나타난 현상을 분리된 채로 유지되어 온 연구전통으로 해석하여 대안을 제시하면 섬세한 균형은 잠재적으로 이미 무너진 것이다.

글로벌교육이 추구하는 글로벌 공정성이란 다양성과 단일성의 균형을 의미한다. 다양성으로 경사되면 민주주의적 통합 질서체계를 훼손할 가능성이 있으며, 단일성으로 편향되면 강요된 헤게모니 권력이 질서체계를 장악할 가능성이 크다. 따라서 21세기 글로벌 다문화사회의 학생들은 문화, 국가, 세계 차원의 공동체 연대 의식과 다중 정체성과 시민성 간 정교한 균형을 지식, 기능, 가치·태도 영역에서 익히고 실천해야 한다. 글로벌교육은 협진 패러다임에 토대를 둔 형평주의를 기본 논리로 한다. 한국 사회의 글로벌 다문화화에 따른 현재의 문제점들과 예상되는 여러 가지 국면의 본질을 파악하여 교육적 대안을 제시하기 위해서는 글로벌교육이 변환 연구전통으로 모색되어 이론적·실천적으로 체계화되어야 할 것이다.

3. 글로벌교육의 접근법

Ⅰ. 뉴런에서 글로벌로

오늘날 글로벌사회는 정치, 경제, 사회, 문화 등 다양한 국면에서 개인, 집단, 사회, 국가, 세계적으로 중첩적인 영향력을 주고받는 상호작용과 상호의존의 일상화를 토대로 작동한다. 융합 통신 기술의 발달에 따른 SNS 등에 의한 정보의 무제한 확장성은 촘촘한 그물과 같은 체계(network system)를 형성하고 있다. 인터넷에 접근 가능한 서울의 초등학교 학생이 의도적인 두뇌 작용으로 손가락 신경을 활용하여 화면을 터치하면 지구적 차원의 사건과 화제, 정보와 맞닥뜨릴 수 있다. 의사소통 도구로써 언어에 의한 제한은 있겠으나 완역 수준의 자료 해석을 통해 유럽의 홍수 사태와 중국의 대지진, 일본의 쓰나미, 시리아 내전, 터키와 브라질의 시위, 북한의 핵실험과 같은 지구촌의 문제들을 접하고 글로벌학습에 활용할 수 있다.

유네스코에서 지정한 일반적인 세계 문제들은 불관용, 인종주의, 테러리즘, 차별, 폭력과 전쟁, 빈곤 등이다(Osler & Vincent, 2002: 23). 글로벌 공동체의 목표는 세계 문제들을 해소하기 위한 정의와 인권, 평화, 지속 가능한 발전 등을 지속적으로 추구해 나가는 일이다. 이러한 글로벌교육의 주제들은 아래와 같이 구체적이고 다양한 의미 형태로 학교 교육과정에 반영된다(Stopsky, 1994: 58).

- ·서구 중심적 관점을 포함한 여러 지역의 역사와 세계사 학습
- ·특정 지역, 국가, 문화와 관습, 생활양식 학습
- ·외국어를 활용한 의사소통하기
- ·환경, 인구, 인권, 평화 문제와 관련된 세계 문제에 대한 이해
- ·글로벌 관점과 관련된 국내적인 다문화 이슈에 대한 학습
- ·국내적이면서 국제적인 관점에서 다양한 갈등 상황을 평화적으로 해결하기

위의 주제를 구체적으로 다루는 글로벌교육으로의 접근 과정에서 중요한 것은 민주적 절차와 제도적 기제, 공동체, 교육과정이다. 이들은 민주적 기저를 가진 학교, 학교와 공동체, 교육과정, 평생교육의 차원에서 구체적으로 논할 수 있다(Osler & Vincent, 2002: 26~31 참조).

첫째, 글로벌교육은 학교 제도를 포함하는 민주주의의 실행 과정에서 지역과 글로벌 수준에서 정교한 민주화를 필요로 한다. 교사는 개별 학생들이 글로벌 시민성을 함양할 수 있는 기회를 학교

교육과정, 공동체, 전반적인 사회 차원에서 제공해야 한다. 인권교육을 대표 사례로 제시하면 중요 요소는 민주성, 포용성, 투명성이다. 학생들이 인권에 대해서 알고, 결정하고, 행동하기 위해서는 개인적으로 연계된 모든 국면에서 동등하게 접근하고 능동적으로 참여할 수 있는 민주성이 작동되어야 하며, 개별적으로 모든 사람들이 다양성과 통합은 불가피하다는 점을 인식하고 가치를 부여할 수 있기 위해서는 포용성이 필요하고, 학교가 제대로 기능하기 위한 구조와 절차들이 실질적인 책무를 수행하기 위해서는 투명성이 요청된다. 글로벌교육은 민주적인 학교 문화의 성립을 전제로 하는 것이다.

둘째, 글로벌교육의 중요 목표는 글로벌 시민을 양성하는 것이다. 학교와 공동체는 지역 사회에서 글로벌 수준의 시민성을 함양하기 위한 실천의 장을 마련하고, 다양한 연습 상황을 제공해야 한다. 이를 위해서 학교와 공동체는 학생들이 지역에서 어떻게 시민성을 익히고 발전시켜 나가는지 파악하여, 그들이 글로벌 시민으로 성장할 수 있는 기회를 부여하고, 궁극적으로는 평화와 정의, 민주주의가 실현되는 사회가 도래할 수 있도록 노력해야 할 것이다.

셋째, 글로벌 교육과정은 평등, 정의, 협동, 비폭력, 관용, 문화 다양성 존중을 추구해야 한다. 학생들은 학교 교육과정 속에 여러 형태로 내재된 글로벌교육의 핵심 요소들을 다문화교육, 간문화교육, 발전교육, 평화교육, 인권교육 등을 통하여 학습함으로써 글로벌 다문화사회에 적합한 시민으로 성장할 수 있다. 초등학생들은 빈곤, 기근, 질병, 배려, 원조, 편견, 외국인 혐오, 차별, 다원주의, 시민권

등을 범교과 활동 혹은 사회과와 같은 핵심 교과 학습 시간을 활용하여 이해할 수 있도록 교육과정이 편성 운영되어야 할 것이다.

넷째, 글로벌교육이 지향하는 글로벌 시민성의 함양이 효율적으로 이루어지기 위해서는 가족 또는 교사와 함께 지내는 청소년기를 넘어서 평생학습의 차원이 고려되어야 한다. 성인이 되어서도 개인들은 세계적으로 연계된 생활을 할 수밖에 없는 것이 현재의 글로벌사회라는 점에 주목하면 공식적-비공식적인 글로벌 섹터의 활동에 참여할 기회가 지역과 사회, 국가 수준에서 매개될 필요가 있다. 글로벌 이슈에 대한 미디어의 관심 제고와 홍보, 발전교육을 담당하는 시민단체의 관여, 엠네스티 활동에 대한 지원 등 글로벌 시민사회의 역량이 성장기와 더불어 성인기에도 발현될 수 있도록 다양한 기회를 제공해야 할 것이다.

위와 같은 글로벌교육이 실행되기 위한 접근 논리를 요약하면 '뉴런05에서 글로벌로, 글로벌에서 뉴런으로'라고 표현할 수 있다. 글로벌교육의 토대로서의 민주주의란 결국 개인의 참여를 통한 공동체의 정의와 평화의 확보로 볼 수 있으며, 이것이 학교와 교육과정 속에 투영되어야 글로벌 시민으로서의 소양을 갖춘 청소년과 성인들이 양성되기 때문이다. 이렇게 요약되는 글로벌교육의 논리를 학교 현장에 적용하기 위해서는 무엇보다도 글로벌 교육과정을 체계적으로 정의하는 일이 선행되어야 한다.

---

05 뉴런(neuron)은 인체를 이루는 작은 신경 단위를 말하며, 여기서는 글로벌사회를 구성하는 새로운 시민으로서의 개인이나 구성단위로서의 지역을 표상하는 의미로 사용한다.

글로벌 교육과정(global curriculum)은 기존의 정치, 사회, 지리적 경계를 가로질러 지구 또는 생태계와 관련된 이슈, 아이디어, 활동들에 대한 의식적인 지식과 관여, 그리고 자아와 타자들, 세계의 상호연계성에 대한 이해를 포괄하여 구성된다(Stopsky, 1994: 61).

여기서 말하는 '의식적인 지식'(conscious knowledge)은 학생들이 학습한 것에 대해 스스로의 관점에서 실체적으로 인식한다는 것이며, '관여'(involvement)란 학습한 주제와 관련된 실천을 생활 속에서 해낸다는 것을 뜻하고, '지구 또는 생태계와 관련된 이슈, 아이디어, 활동들'은 글로벌교육의 내용 요소들로 정치, 경제, 심리, 역사적 주제 등 인간과 사회의 구성 체계들을 말하는 것이며, '정치, 사회, 지리적 경계를 가로지른다'는 말은 사회과가 전통적으로 규정지어 온 지역이나 국가를 초월하여 글로벌 교육과정이 적용되어야 한다는 것이고, '자아와 타자, 세계의 상호연계성에 대한 이해'란 글로벌 교육과정의 핵심 요소들이 궁극적으로는 나 자신과 다른 사람들, 총체적 의미의 세계와 직접적으로 연계되어 있다는 것을 이해하도록 제시되어야 한다는 의미이다. 결국 글로벌 교육과정이란 뉴런에서 글로벌로의 지향과 관계 맺기를 어떻게 구안하고 실천할 것인가의 안내 설계라고 지칭할 수 있을 것이다.

II. 환경확대법의 확장 해석과 적용

글로벌사회의 학교와 교육과정은 다문화와 민주주의, 글로벌 공동체에 대한 학습 요구를 반영해야 한다. 우리나라를 비롯한 세계 문명국가들의 공통된 교육과정 개혁 요구는 이 점을 분명히 하고 있다. 급속한 세계화와 상호의존성의 심화 확대, 세계 문제의 등장, 글로벌 이주의 두드러진 양상 등은 새로운 시민성 함양의 필요성을 제기하여 학교 교육과정의 변화를 요청하고 있는 것이다.

이런 점에서 최근 사회과를 비롯한 시민교과가 추구하고 유지하여 온 환경확대법에 대한 논란이 대두되고 있다. 카미시아와 사베드라(Camicia & Saavedra, 2009)에 따르면, 환경확대법은 글로벌사회를 이해하는 데 부적합하고 새로운 형태의 시민성 개념을 포괄할 수 없거나 불충분하다. 발달심리학에 근거한 환경확대법의 기본 구조는 구체적인 것에서 추상적인 것으로, 중심부에서 주변부로, 나와 가족에서 사회와 국가로 인식의 범주를 넓혀 나가야 효율적인 사회인지가 진행된다는 것이다. 그러나 이런 원리는 학습자들이 지역사회를 벗어나기 어려운 시대적 환경에서 개발된 것으로 이동수단과 정보통신이 발달한 글로벌사회, 다문화사회, 이주사회에서는 부적합하다는 의미이다.

특히 초등사회과 교육과정에 전통적으로 적용된 환경확대법의 범위와 계열성 규정은 글로벌 다문화 이슈들을 다루기에는 초등학생들이 너무 어리다는 편견을 내포한다는 지적이다. 그러나 이런 비판적 견해들은 글로벌사회에 적합한 교육과정 구성 원리와 관련된 대안적 논점을 제공하는 데 유용할 수는 있으나, 환경확대법에 내포된 아동과 사회의 본질에 대한 이해 논리를 간과한다는 비철학적 비체계적 약점을 안고 있다는 것이 지금까지의 일반적인 관점이다. 환경확대법이 그려내고 있는 동심원의 공동체들은 인간의 근본적이며 역사적인 활동을 담고 있으며, 따라서 환경확대 디자인은 단순 정보의 축적과 이해를 위한 범주와 계열의 나열이 아니라 효율적인 시민성 함양을 위한 흥미와 경험을 성찰한 결과물이라는 것이다.

<그림 3-1>에 나타난 인간 활동의 기본 범주는(Hanna, 1987: 10) 환경확대법이 지향하는 교육과정의 범위(scope)가 개인이나 지역, 국가, 세계 어느 한정된 차원에 머무르는 것이 아니라, 시간과 장소에 상관없이 모든 사회에서 보편적으로 적용되어 왔고, 지속되어 나갈 인간 생활의 토대를 의미한다. 사람들은 누구나 태어나면서부터 죽을 때까지 수레바퀴 모양의 삶을 살아간다는 것이다.

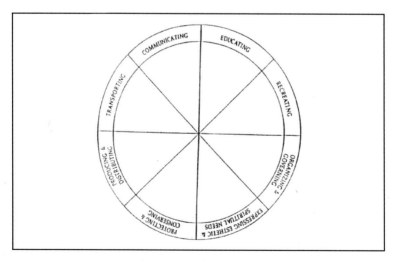

<그림 3-1> 인간 활동의 기본 범주

여기서 제시한 의사소통, 교육, 여가활동, 조직과 통치, 심미적·
정신적 욕구의 표현, 보호와 보존, 생산과 분배, 이동은 인간의 본
질적 생활 속성을 표상한 것으로 볼 수 있다. 이것은 경험과 흥미
에 기초한 시민 생활의 기본 요소들로 해석할 수 있으므로 학습
가능성과 전이성을 함의하는 도시라고 볼 수 있다

  인간 활동의 기본 범주에 비하여 글로벌 다문화사회에서 문제가
되는 것은 <그림 3-2>에 나타난 인간 공동체의 확장 논리이다. 이
는 교육과정의 적용 시기에 해당되는 것으로 학생들에게 순차적으
로 제공되는 계속성과 경험의 순서를 의미하는 계열(sequence)을
표상한다. 여기서 문제의 핵심은 경계를 넘어설 수 있는가에 있다.
다른 말로 표현하면 계열을 초월하여 교육과정을 사회과 교실 수
업에 실제적 모습으로 구현할 수 있는가의 문제이다.

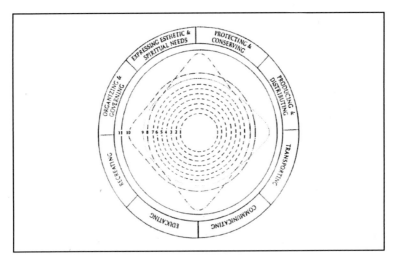

<그림 3-2> 인간 공동체의 확장

<그림 3-2>의 1부터 11까지의 동심원들은 확대되는 인간 공동체를 그려낸 것으로 간주된다. 각각을 보면, 1. 가족(Family), 2. 학교(School), 3. 이웃(Neighborhood), 4. 지역(Local), 5. 주(State), 6. 지방(Region of States), 7. 미국(United States National), 8. 미국과 미주(United States and Inter American), 9. 미국과 대서양(United States and Atlantic), 10. 미국과 태평양(United States and Pacific), 11. 미국과 인류 세계(United States and the World as the Home of Mankind) 공동체 사회로 나타난다(Hanna, 1987: 12). 주목해야 할 점은 <그림 3-1>과 <그림 3-2>에서 범위의 내용과 계열의 순차 논리가 융합되어 있다는 것이다. 인간의 기본 생활 요소들은 어린이가 성장하면서 확대 심화되지만 여전히 다른 차원의 동심원 공동체 속에서도 본질적 요소들로 영향을 주고받는다는 사실이다. 예를 들면, 가족 공동체에서의 여가활동은 가족 내부에 국한되는 것이 아니라 사실상 지역과 국가, 나아가서는 세계 공동체의 여가활동과 맞물려 있다는 것이다. 따라서 계열이 제시한 동심원의 경계들은 인식과 경험, 학습의 범주를 엄격히 제한하는 것은 아니라는 해석이 가능하다.

한나(Hanna, 1987)는 환경확대법의 적용과 관련하여 범위와 계열을 조직하는 여섯 가지 원칙을 제시하고 있다(pp.14~20 참조). 첫째, 동심원으로 표상된 공동체의 확대 순서는 논리적으로 전개되어야 한다. 다만 성숙의 단계나 특정 학년에서의 특정 경험 한정성은 인정하지 않는다. 둘째, 확대되는 공동체는 인간 활동의 기본 요소들을 다루되 특정 공동체 사회의 관심과 문제에 수준을

맞추어야 한다. 셋째, 특정 동심원 공동체는 특정 구조와 기능을 가지고 있으므로 다른 공동체 수준과 상충되는 것으로 보아서는 안 된다. 작은 규모의 공동체가 큰 규모의 공동체의 속성과 다르다는 것을 인정하면서 확대되는 공동체들 간의 연계가 강조되어야 한다. 넷째, 학교 교육과정이 직접 경험에 기초하여 강력한 파급력을 확보하려면 가족, 학교, 이웃, 지역 공동체 사회는 의미 있는 초기의 환경을 제공한다는 점에 주목해야 한다. 학습자들은 직접 경험을 통해 깊이 이해하므로 이후의 간접 경험들을 자극하는 데 중요하다는 의미이다. 다섯째, 특정 학년에서 강조되는 지역 공동체는 중심과 주변적 초점을 함께 갖고 있다. 동심원이 상징하는 특정 수준의 공동체를 벗어난 사건이나 문제들이 학습자들의 지적 호기심을 불러일으킬 수 있다는 점은 사실이다. 그러나 부차적인 학습으로 진행되는 것이 합당하며 예습이나 복습의 흥미를 자극하는 주제들로 처리되어야 한다. 여섯째, 동심원으로 나타난 각각의 공동체들은 정치, 경제, 사회적 환경을 반영한 역사성을 갖고 있다. 이들은 인간 활동의 기본 요소들이 발전하는 시대적 배경을 반영한다. 가족이 중심이 되는 시대와 국가가 강조되는 시대가 역사적으로 존재한다는 의미이다.

이러한 원칙들은 글로벌교육, 다문화교육을 주로 담당하는 시민교과인 사회과에서 적용되어 왔으며 지금도 학문적, 경험적, 실제적 타당성을 확보하고 있다는 점에서 중요한 시사점을 제공한다. 범위와 계열을 교육과정 디자인으로 조직하는 '한나(Hanna) 원칙'의 주요 내용은 인간의 기본 생활 요소들이 각각의 동심원 공동체 사회에서 공유된다는 것, 확대되는 공동체의 수준이 가지는 직접 경험과 역사성의 의미를 특정된 것으로 인정하면서도 학년이나 성숙의 단계에 특정 공동체를 한정하지는 않는다는 것, 중심과 주변의 논리에 따라 교육과정이 융합적으로 운영 가능하다는 것으로 정리할 수 있다.

　이런 점에서 동심원적 공동체들이 갖고 있는 경계성이 글로벌 다문화사회에 대한 교수와 학습을 불가능하게 하여, 환경확대법의 디자인이 실체적 유용성을 상실하였다는 비판은 재고와 성찰을 요한다. 환경확대법은 동심원적 경계를 유지하는 논리를 갖고 있으면서 동시에 경계 확장의 가능성을 열어 놓고 있으므로 여전히 타당한 교육과정 철학으로써의 체계성을 담보한다고 볼 수 있다. 요컨대 글로벌 다문화 이슈들은 인간의 기본 생활 요소에 포함되므로 동심원적 단계에 적합한 수준으로 학습자들에게 소개될 수 있으며 언제든지 확대 혹은 축소 적용될 수 있다는 중요한 아이디어를 제공해준다. '뉴런에서 글로벌로, 글로벌에서 뉴런으로'의 글로벌학습의 원리는 환경확대의 원리와 맞닿아 있는 것으로 확장 해석이 가능하다.

02

글로벌 시민과 시민성

사회과교육은 시간과 장소, 논하는 사람에 따라 다른 명칭과 정의가 존재하는, 경계 짓기 어려운 교과 분야다. 이런 차이를 공통점으로 연계시키는 사회과의 관점은 어떻게 다른 사람들과 관계를 맺어야 합당한지에 대해서 기본 정향으로 작동하는 시민성이다.

4. 시민성의 철학적 기저

Ⅰ. 사회과교육의 기본 정향

　사회과교육은 시간과 장소, 논하는 사람에 따라 다른 명칭과 정의가 존재하는, 경계 짓기 어려운 교과 분야다. 이런 차이를 공통점으로 연계시키는 사회과의 관점은 어떻게 다른 사람들과 관계를 맺어야 합당한지에 대해서 기본 정향으로 작동하는 시민성이다. 민주주의 시민교육에서 '좋은 시민성'(good citizenship)은 자유와 평등이라는 신조 가치(creed value)와 관련되어 있다. 자유로우면서 평등한 사회를 만들어낼 수 있는 시민성이 좋음에 이를 수 있으며 정의에 근접할 수 있다. 그런데 민주주의는 본질적으로 정의와 불의를 동시에 내포하는 불안정성을 갖고 있다. 자유와 평등을 보장하려는 민주적 절차가 실행되는 순간 소수의 자유와 평등은 훼손되게 마련이다.

본 장은 시민성의 철학에서 개인과 자유를 우선하는 자유주의와 사회와 평등에 가치를 두어야 한다는 공동체주의는 민주주의의 불안정성을 해소하기 어려운 계보를 형성해 왔다는 비평을 전개한다. 개인과 사회 혹은 자유과 평등의 한 축에서 접근하면 자유와 평등의 긴장관계는 필연적으로 발생할 수밖에 없다. 이런 쟁점을 문화 속에서 발현되는 정체성의 정향으로 풀어 나가려는 철학이 다문화주의이다. 자유와 우정과 사랑을 확장시켜 다수와 소수가 모두 자유와 평등에 합당하게 다가서게 하는 다문화주의는 문화와 정체성의 정향에서 비롯되는 다양성, 포용성, 변환성의 시민교육 논리를 사회과에 제공함으로써 민주주의가 노정하는 현실의 한계를 가능성으로 바꿔준다. 본 장은 니체(Nietzsche)의 계보학적 아이디어로부터 접근한다.

> 우리는 우리에게 알려져 있지 않다. 우리들 인식하는 자들도 우리
> 자신을 알지 못한다. 여기에는 그럴 만한 이유가 있다. 우리는 결
> 코 우리를 탐구한 일이 없다. 우리가 어느 날 우리를 찾는 일이
> 어떻게 당연히 생길 수 있는가?(Nietzsche, 강영계 역, 2008: 15)

민주주의의 계보학에서 중심이 되는 신조 가치는 자유와 평등이다. 자유로우면서 평등한 유토피아가 가장 좋은 사회이며, 이처럼 민주적 가치가 구현되는 좋은 사회에 적합한 시민성을 지향하고 그곳에 이르는 방법을 안내하는 시민교육을 학교 교육과정에

서 실행하는 것이 사회과교육이다. 전통적으로 자유와 평등에 이르는 길은 자유주의와 공동체주의가 안내하여 왔다. 자유주의는 개인의 자유를 기초로 평등을 이야기하며, 공동체주의는 공동체의 덕을 통하여 자유와 평등을 추구한다. 자유와 덕은 아름다운 유토피아로서 민주주의 사회를 지향하는 시민성이 되는 것이다. 여기서 중요한 문제는 자유주의는 '개인의 사회'를 강조하고, 공동체주의는 '사회의 개인'을 주장한다는 점이다. 자유는 개인을 우선하며, 덕은 사회 혹은 공동체를 우선한다는 말이다. 따라서 개인으로 경사된 자유와 평등, 공동체로 기울어진 자유와 평등의 관점이 성립된다. 개인의 자유를 강조하면 민주주의에 합당한지, 공동체의 덕을 가져오면 민주주의가 정당하게 운영되는지에 관한 문제이다. 이런 점에서 사회과교육의 시민성에 관한 시원적 논점으로 자유와 덕, 혹은 자유주의와 공동체주의의 양립성이 제기될 수 있다.

주목해야 할 것은 자유주의와 공동체주의의 오랜 논쟁 가운데 다문화주의가 등장하였다는 점이다. 다문화주의는 문화 정체성의 동등한 인정의 관점에서 자유와 평등을 재해석한다. 이것은 형평성을 토대로 자유와 평등이 추구되어야 민주주의가 지향하는 자유로우면서 평등한 유토피아에 도달할 수 있다는 주장이다. 다문화주의는 이미 그려진 '개인의 사회'와 '사회의 개인'을 넘어 '개인과 집단, 사회'를 본다. 자유는 개인 전유적 속성을 가졌으며, 덕은 공동체 귀속적 성격을 지녔음에 비하여, 정체성은 모두를 위한 포용성을 갖고 있다. 이에 대하여 자유주의는 다문화주의의 문화적 속성에 기초한 정체성을 집단 중심성으로 보고 문화집단 내 개인의 자유 침해 문제를 제기한다. 공동체주의는 문화와 정체성의 차이 인정에 관용적 태도를 취하면서 다문화주의 친화적 경향을 보인다. 하지만 문화적 원심력이 공동체의 연대와 통합을 저해할까 우려한다. 이런 상황에서 정체성의 시민사회로의 전면화는 자유와 덕이 만들어 놓은 경계를 넘나들면서 새로운 문화적 가치들을 지어내고 있기 때문에 민주주의 신조 가치로서 자유와 평등에 대한 재구성 논의가 불가피한 것이 현실이다.

사회과교육은 민주주의 헌정체제에 적합한 시민성 함양을 기저로 한다. 사회과는 시민교육을 주요 목적으로 하고 있으며, 시민성과 관련된 가치와 개별 학습자들에게 적합한 역사, 지리, 사회과학을 내용으로 하는 교과다(Brophy & Alleman, 2007: 4). 따라서 시민성이란 사회과의 목표에 한정되지 않는다. 시민성은 사회과의 지식, 기능, 가치·태도 요소와 두루 관련된 목표, 내용, 방법, 평가를 포괄하는 의미를 갖는다. 시민성을 단순히 사회과의 합의된 추상적 형태의 목표라고 규정하는 것은 사회과의 본질 모습을 제한적으로 해석하는 일이 되는 것이다. 그러므로 시민성의 궤적을 추적하는 작업은 사회과의 교과로서의 기본 정향에 접근하는 논점을 가지게 된다.

Ⅱ. 시민과 시민성

민주주의는 우리들이 추구해야 할 더 좋은 것이 있다는 전제를 갖기 때문에 피상적인 상대주의로 흐르지 않는다. 여기서 더 좋은 것은 민주주의가 인간의 오류 가능성을 전제할 때 완결될 수 없고, 현실의 과정 속에서 나타난다는 점에서 획일적 질서를 지닌 절대주의로 기울지 않는다는 것이다. 민주주의의 성공과 제도의 지속, 이상의 실현은 자유롭게 권리를 향유하는 자들로서의 시민에게 요구되는 의무이므로 전적으로 그들의 능력과 의지에 달려 있다. 이들 시민을 형성하는 지식, 기능, 가치, 신념은 교육되는 것이고, 이러한 교육은 주로 사회과에 귀속되어 있다. 요컨대 민주적 생활양식을 유지하고 충족시켜 나가는 시민교육은 사회과의 목표이며 일상적인 실천이 되는 것이다(Parker & Jarolimek, 1984: 5).

민주주의 사회에서 시민은 세 가지 시민권을 향유하는 사람들이다. 마샬(Marshall)은 시민권의 구성 요소를 발달 및 형성 시기별로 시민적, 정치적, 사회적 요소로 구분한다. 시민적 요소(civil element)는 개인의 자유, 개인의 자유와 직접적으로 연관된 법의 지배와 사법제도로 구성되며, 정치적 요소(political element)는 정치권력에 참여할 수 있는 권리로서 주로 입법 제도와 관련된 권리들로 이루어지고, 사회적 요소(social element)는 사회생활의 일반적인 규준과 사회적 유산에 관한 권리로 구성된다(Marshall, 1950: 71~72). 그러나 모든 시민이 시민권을 동등하게 행사하고 누리는 것은 아니다. 기본적으로 시민은 자유롭고 동등한 대우를 받으며 시민생활에 참여할 수 있으나 의지에 따라 참여의 수준과 정도는 달라진다.

시민은 정치 참여도에 따라 네 가지로 구분될 수 있다. 정치에 관심을 가진 자와 가지지 않은 자로 구분되고, 정치에 관심을 가진 자는 권력에 관심을 가진 자와 그렇지 않은 자로 나뉜다. 또한 권력에 관심을 가진 자는 권력을 획득한 자와 권력을 획득하지는 못했지만 추구하는 자로 구분된다. 결국 시민의 스펙트럼은 정치적 무관심층(the apolitical), 정치적 관심층(the political), 권력 추구자(the power seeker), 권력자(the powerful)로 나타난다(Dahl, 19991: 96). 따라서 모든 시민이 동일한 자격을 갖고는 있으나 동일한 의미를 가진 시민이 되지는 않는다. 시민적 요소만을 중시하는 시민은 정치적 무관심이거나 옅은 관심층이고, 정치적 요소까지 고려하는 시민은 짙은 관심층과 권력 추구자 수준의 참여를 할 것이며, 사회적 요소를 포괄하는 권리를 행사하는 시민은 권력 추구자이거나 권력자이므로 사회적 진리판단기준에 대한 의지를 갖고 적극적 실행에 나설 것이다.

이렇듯 민주주의 사회 시민들의 모습은 다양하다. 그것은 각각의 시민들이 처한 상황과 신념에 따라 다른 형태의 시민성을 형성하고 있기 때문이다. 시민성은 심도에 따라 네 가지로 분류할 수 있다. 시민으로서 권리와 의무를 가지고 있으나 국민국가의 정치체계에 의미 있는 방식으로 참여하지 않는 법적 시민성, 지방 선거와 주요 후보자들의 선출과 쟁점에 관심을 갖는 최소 시민성,

정치사회구조의 틀 안에서 경쟁적 쟁점과 개혁에 관여하거나 시위에 참여하는 능동 시민성, 기존의 법과 관습을 넘어서는 가치, 도덕적 원칙, 이념을 추구하기 위해 행동하는 변환 시민성이 그것이다(Banks, 2008: 136). 중첩적이기는 하나 시민권의 확보와 행사에 주목하는 자유주의자들은 법적-최소 시민성에, 사회적 자원과 가치의 분배를 중시하는 공동체주의자들은 최소-능동 시민성에, 차이와 정체성의 인정을 요구하는 다문화주의자들은 능동-변환 시민성에 관심을 보이고 추구할 가능성이 클 것이다.[06]

III. 우정과 사랑, 자유

공동체주의는 우정과 사랑이라는 덕을 도입하여 좋음(goodness)에 이르고자 한다. 고전적으로 공동체의 표상인 도시(polis)는 개인에 선행한다. 아리스토텔레스(Aristotles)에게 있어서 모든 도시는 일종의 공동체(partnership)[07]이며, 공동체는 좋음으로 구성되어 있다. 공동체가 좋음을 지향하고, 모든 것들 중에서 가장 강력

---

06 이러한 분류가 가능한 것은 사회과에서 시민교육 이론에 관한 철학적 논의의 결과라고 볼 수 있다. 최근 김용신(2010)은 다문화주의의 수용과 한계를 자유주의와 공동체주의 시민교육과 비교하면서 전개하였으며, 정호범(2011)은 다문화교육의 철학적 배경으로 다문화주의를 검토하면서 사회정의에 이를 수 있는 이원론적 관점을 제시하였다.

07 partnership은 공동, 협력, 결합 등의 의미로 해석될 수 있다. 여기서는 *The Politics*에 나타난 아리스토텔레스의 공동체와 덕, 정체에 관한 논의가 주는 함의에 따라 공동체 *koinonia*로 번역한다. partnership이 결국 city(polis), 즉 도시 혹은 공동체로 귀결됨에 유의한 맥락적 해석이다.

하며, 모든 다른 것들을 포함한다는 것, 특히 가장 권위가 부여된 좋음을 추구한다는 것은 명백하다. 이것을 도시 혹은 정치 공동체라고 부르는 것이다(Aristotle, trans. Lord, 1984: 1252a1). 이처럼 인간은 결코 자족적이고 자율적인 존재가 아니다. 인간은 정치적 공동체, 말하자면 폴리스 안에서 폴리스를 통해서만 인간으로서의 결핍을 보완할 수 있다. 국가, 사회 또는 공동체만이 완전하고 흠이 없는 존재이다(박호성, 1994: 78~79). 그러므로 시민들은 도시에 알맞은 덕을 갖추어야 자유로울 수 있고 다른 사람과 동등해질 수 있다. 좋은 도시에는 좋은 시민이 있는 것이 당연해진다.

이런 관점에서 모든 시민이 도시의 협력자(partner)가 되는 것은 대단히 중요하다. 그렇지 않으면 아무것도 아닌 존재가 된다. 아무런 의미도 없는 도시의 협력자가 된다는 것은 명백히 불가능하다. 무엇보다도 도시는 일정한 장소에 알맞은 협력자를 필요로 하는 공동체이다. 하나의 도시는 하나의 장소를 점하고 있으며, 시민은 단일 도시의 협력자가 되어야 의미를 가진다(Aristotle, trans. Lord, 1984: 1260a35~40). 민주정과 과두정은 둘 다 각각 어울리는 시민이 다른 의미를 가지고 존재해야 도시의 선함이 나타날 수 있게 된다. 따라서 고전적 공동체주의에서 정의의 개념은 공동체로부터 주어진다. 아리스토텔레스에게 있어서 비례적 평등이 공정성이었다. 그에 의하면 평등한 것은 평등하게 다루고 불평등한 것은 불평등하게 다루는 것이 공정성의 개념을 이루는 것이다. 따라서 완벽하고 자족적인 삶의 실현이라는 국가 목적에 대한 질적인 기여의 차이에 따라 권력 분배의 몫이 비례적으로 달라져야 한다는 것이 공정성이 될 수 있다. 실천적으로는 불평등도 공정성을 이룰 수 있는 것이다(박호성, 1994: 31). 공동체에 최적인 사람이 가장 정의롭고 좋은 시민이 되는 것이다.

이것은 플라톤(Plato)의 *Republic*을 보면 더욱 명료해진다. 도시의 정의(justice)란 구성원들이 도시의 기능 중 하나를 실행하는 것이며, 그들의 본성에 자연적으로 가장 적합한 것이어야 한다. 말하자면, 정의는 어떤 사람에게 알맞은 직업을 갖게 하는 일이다(Plato, trans. Bloom, 1968: 433a). 이에 대하여 스트라우스(Strauss)는 정의로운 도시란 모든 사람들이 시민으로서 전념해서 아주 잘할 수 있는 오직 하나의 직업만을 가지는 기술의 도시로 해석한다. 즉, 군인들은 독립의 기술자이며, 철인들은 공공선을 담당하는 기술자이고, 하늘의 신은 이데아를 담당하는 기술자가 되는 것이다(Strauss & Cropsey, eds. 김영수 외 역, 1995: 75). 따라서 국가의 정의는 철인에게만 요구되는 것이 아니라 지혜와 용기, 절제와 같은 형태로 도시의 모든 시민들에게 적용되어야 하는 것이다. 생산자의 본성을 타고난 사람이 영혼의 가치와 다른 통치자나 전사의 직업을 가진다면 도시의 다른 사람들에게 불행일 뿐만 아니라 자기 자신에게도 불행한 일이 되어 결국 국가는 해체되고 말 것이다.

최선의 도시(best city)에 알맞은 덕은 우정을 통해 성취될 수 있다. 아리스토텔레스의 우정은 친구에 대한 애정뿐만 아니라 남편과 부인의 사랑, 부모와 자식의 정, 다양한 사조직에 속하는 사람들과 동일한 도시의 시민들, 인간존재라는 단순한 의미에서의 동지애를 포함한다. 일반적으로 우정은 주된 동기가 이익, 덕, 쾌락 중 어느 것인가에 따라 구분될 수 있다. 가장 완벽한 의미의 우정은 덕에 기초한 선한 인간의 우정이다. 이러한 의미의 우정은 이익과 쾌락을 모두 포괄하는 것으로, 가장 완벽하게 그 자신의 선과 친구의 선을 동일시한다(Strauss & Cropsey, eds. 김영수 외 역, 1995: 214). 따라서 우정은 정치 공동체의 결합을 선하게 강화시키고 도시를 번영하게 하며, 시민들의 삶의 질을 높여 주는 유용하면서도 최고의 덕이 된다. 우정은 사람들을 자연스럽게 공존하게 하여 좋은 시민이 어울려 사는 좋은 공동체를 형성해 낸다.

자유주의자 루소(Rousseau)는 들여다보면 수정된 공동체주의자 혹은 자유적 공동체주의자이다. 자유주의는 개인의 자유 의지에 따른 사회계약을 경유하여 옳음(justice)에 도달하고자 한다. 루소는 어느 누구도 종속적이지 않은 상태에서 계약 당사자들을 결합시킬 수 있다고 본다. 그는 사람들의 의지로부터 나타난 사회계약은 사람들을 그 이전의 자유로운 상태와 동일한 상황에서 살게 해줄 수 있다고 믿는다. 이렇게 탄생한 일반의지의 집합적 자유(collective freedom)는 전체와 분리될 수 없는 부분으로서 계약 당사자들의 개별적 자유와 일반의지의 관계를 규정한다. 사회계약은 각각의 사람들이 그들의 모든 권한을 일반의지가 이끄는 방향에 위임하고, 전체에서 분리될 수 없는 각각의 구성원으로서 자신들을 받아들임으로써 성립되었으므로 원칙적으로 개별적 자유와 일반의지는 분리될 수 없는 동일한 것이다(Gildin, 1983: 35~36). 따라서 일반의지 형성 과정의 결정적 요소인 집합적 자유가 개별적 자유를 벗어난다면 진정한 의미의 공화국, 국가, 공동체는 성립될 수 없는 것이다. 여기서 중요한 자유주의적 가치는 주권적 권위를 개인들이 만들어낸다는 것이며, 주권자로서 공동체에 참여함으로써 스스로 만들어낸 자유를 누리게 된다는 점이다. 고전적 자유주의의 원형을 루소에게서 발견할 수 있는 것이다. 그러나 그는 공동체로서의 국가 혹은 고전적 공동체주의와 완전히 결별하지는 못한다.

루소는 각각의 개인들이 시민으로서 만들어낸 법률에 복종할 의무를 스스로 이행해야 한다는 의식을 가짐으로써 공동체를 존속시키고, 시민들 간의 연대 의식을 증진시키는 논리를 제공한다 (Dagger, 1997: 92). 그가 보기에 자연 상태의 인간은 완전하며 스스로에게만 상대적이고 절대적인 전체이다. 이에 비해 사회 상태의 시민은 분자적 통일체로서 그의 가치는 사회라는 전체와 관련되어 결정된다. 사회 제도는 개인이 공통된 통일체로서 사회의 상대적인 한 부분이라는 것을 인식하도록 절대적 존재감을 제거해야 가장 좋은 것이다. 말하자면 더 이상 개인 스스로 하나가 아니라 통일체의 부분으로 전체에서 예외적이라는 것을 느끼지 않게 변화시키는 사회가 좋은 사회이다(Rousseau, trans. Bloom, 1979: 39~40). 개인은 자유 의지에 따라 공동체를 만들어냈지만 공동체와 일체감을 가져야 한다는 의미이다. 사회 세계의 개인은 절대적 개별성을 유보해야 하는 것이다. 이 점에서 루소는 자유적 공동체주의자라고 할 만하다.

Emile은 아버지의 사랑을 그대로 이어받은 교사(tutor)와 에밀을 주인공으로 하는 이야기다. 교사는 개인적 이익에 관심을 가지는 천한 존재가 아니고 우정을 위한 과업을 기꺼이 수행해 나가는 너그러운 마음을 가진 박애주의 철학자다(Boyd, 1963: 267). 여기서 교사는 루소 자신이며, 에밀은 태어나면서부터 결혼하여 성인이 되기까지 사랑을 매개로 양육되고 성장하여 시민이 된다. *Emile*에서 루소는 교사로서 에밀에게 국가의 시민이 되는 방법을 소개한다. 즉, 개인이 스스로 주권자에게만 종속된다면 주권자의 권위는 일반의지 이상의 아무것도 아니며, 각각의 개인이 주권자에게 복종하는 것은 오직 그 자신에게 복종하는 것이 되고, 이것은 자연 상태보다 사회 상태에서 개인이 더 자유로울 수 있다는 것을 보여준다(Rousseau, trans. Bloom, 1979: 461). 사랑을 통한 결합을 경험한 에밀은 국가로의 결합이 스스로의 의지에 따라 이루어질 수 있으며, 이것은 시민적 자유를 갖다 준다는 것을 깨닫고 이상적인 시민이 된다. 에밀은 자연에서 사회로 나아감에 따라 아름다움에 대한 사랑을 알게 되며, 소피아에 대한 에밀의 사랑은 하나로의 결합 혹은 개체화를 달성하게 하는 과정을 통하여 사회가 결합되는 방법을 발견하게 해준다(Rousseau, trans. Bloom, 1979: 22). *Emile*에 나타난 사랑은 중첩적이다. 아버지와 아들의 사랑, 에밀과 소피아의 사랑, 제자와 철학자의 사랑, 가족애로부터 비롯된 국가에 대한 사랑 등이 그것이다. 사랑에 의해서 자유로운 개인과 평등을 보장하는 국가가 아름답게 결합될 수 있음을 보여준다.

민주주의 헌정체제에서 주류 담론으로서 옳음을 지향하는 자유주의는 고전적 자유주의의 논리에서 완전히 탈피하지는 못하지만 점차 새로운 시민사회 구축 관점으로 공인되기에 이른다. 루소와 유사한 맥락에서 롤스(Rawls)는 완벽하게 평등한 상태에서 정의의 원칙들을 도출하여 자유의 우선성을 주장한다. 그는 원초적 입장과 무지의 베일로부터 정의를 찾아낸다. 동등한 원초적 입장(original position)은 전통적 사회계약이론의 자연 상태와 조응한다. 그것은 정의의 개념을 만들어내기 위해서 설정한 순수한 가설적 상황이다(Rawls, 1999: 12). 자유주의에 있어서 계약의 요점은 동등한 지위로부터 발생하는 정의의 개념에 근거한다. 그러나 자연 상태는 매우 불안정한 상황이므로 임의성의 개입이 있을 수 있다. 따라서 롤스는 무지의 베일(veil of ignorance)이라는 개념을 도입한다. 무지의 베일이란 원초적 입장을 보완 수정하려는 논리로 아무도 그의 사회에서의 위치, 계층적 지위, 자연적 강점에 따른 능력, 운명, 지능, 힘 등을 알지 못하는 정의의 원칙이 선택되는 상황을 말한다(Rawls, 12). 그러나 롤스의 말대로 원초적 입장이나 무지의 베일은 가설적 상황이다. 아무도 현실 세계에서는 이것을 상상하기 어렵다는 데서 정의의 원칙은 시원적 문제를 내포한다.

롤스에게 있어서 정의의 원칙이란 자유 우선성과 차등의 원칙으로 요약된다(Rawls, 302~303 참조). 이것은 동등한 자유가 동등한 기회보다 우선하며, 불평등은 최소 수혜자(the least advantaged)에게 이득이 된다면 허용된다는 자유주의의 원칙이다. 여기서 동등한 기회란 기회균등의 원칙을 말하며, 사람들의 성공 여부는 합리적이고 합당한 선택에 의해 결정되므로 인종이나 젠더, 계층이 아닌 개인의 능력에 의해 좌우된다. 기회균등은 자유의 우선성에 의해서 제한되는 것이다. 성공과 실패의 책임은 개인의 자유 의지에 따른 선택에 있으며, 실행 능력에 좌우되는 것이다. 자유주의에 있어 평등이란 기회균등과 최소 수혜자에 대한 조건의 평등 수준에 머무른다. 따라서 사회적 가치의 공평한 분배는 자연적인 재능과 운에 따른 성공의 과실을 최소 수혜자의 기대를 충족하는 데 사용하면 정당화된다는 논리가 성립된다. 이것은 불평등이 제거되어야 한다는 것이 아니라 최소 수혜자들에게 불평등의 제거가 적용되어야 한다는 의미이다. 만일, 불평등이 개인의 공평한 몫을 침해한다면 허용되어서는 안 된다는 것이다.

이러한 자유주의 입장에서 보면 자유는 당연히 평등에 우선한다. 평등은 오히려 자유에 종속적이다. 그러므로 그들은 자유의 이름으로 위험한 평등을 물리치기 위해 자유와 평등의 대립 관계를 지나치게 부추기는 경향이 있다. 그들이 간과할 수 있다고 생각하는 것은 고작 법 앞의 평등이다. 그러나 법률적 평등이 마지막 특권계급에게 공포를 불러일으켰듯이, 경제적 평등 요구는 자유주의자들에게 끊임없는 공포를 불러일으키고 있다(박호성, 1994: 64). 본질적으로 자유주의에서 자유는 목적 그 자체이며, 자유를 가진 개인을 자기 충족적 존재로 보기 때문에 국가나 공동체, 집단의 간섭을 거부한다. 따라서 어떤 전통이나 공동체 사회로부터 유래하는 가치, 덕목 등에 대해서 의심하는 경향이 강하다. 자유주의가 실질적으로 동등한 의미의 평등과 정체성에 관하여 거부감과 의심을 가지는 것은 당연한 귀결이다.

공동체주의는 자유주의의 개인 개념과 자기 결정 신념을 비판한다. 개인이 사회에 우선하거나 독립적이며, 사회는 개인의 이익 추구를 위해 존재하는 협동정치 이상의 것이 아니라는 견해에 반대한다. 자유주의는 어떤 종류의 사회적, 공동체적 연대도 구축할 수 없는 논리를 전개하므로 정치 공동체를 상호 무관심한 사람들 사이의 협조 체계로 만들었다고 비판한다. 샌들(Sandel)은 롤스가 구상한 상호 무관심한 사람들 사이의 이익 분배 구조로서의 정치 공동체를 개인들이 그들의 정체성을 발전시켜 나가며, 공동선을 구성하는 공동체로 생각한다. 공동체주의는 개인의 정체성 개념을 특정 가족, 계층, 공동체 혹은 민족, 국가의 구성원으로서의 인식과 분리할 수 없는 것으로 보았으며, 따라서 개인은 구체적인 역사의 소유자이자 특정 국가의 시민으로서 자신의 정체성을 파악하는 공동체적 존재가 된다(Mulhall & Swift, 1997: 66~67). 즉, 사회적 가치는 공동체 구성원인 개인에 의해서 규정되는 것이 아니라 공동체에 내재하는 연대 의식 속에서 발견되는 것이다 (Sandel, 1982: 150). 개인은 공동체에서 결정과 선택의 근거와 원칙들을 발견하고 자기 정체성을 구성해 나가는 한정적 존재인 것이다.

자유주의에 비판적 입장을 취하는 현대적 의미의 공동체주의는 시원적 형태의 자연 상태나 사회계약에 대하여 큰 관심을 보이지는 않는다. 개인 개념이나 자기 결정적 존재의 탄생 배경은 그다지 중요한 쟁점이 아니기 때문이다. 실제로 자유주의자 애커만 (Ackerman)은 사회계약을 신화로 간주하며, 개체가 당연히 권리를 가질 만한 공적 인정을 받은 개인으로서 그 자신을 의식하게 되면 사회 계약의 구성적 역할은 작동되지 않는다고 본다. 따라서 자유주의의 개인은 사회에 선행하지 않으며, 사회도 개인에 선행하지 않게 된다. 대신에 시민은 그들이 처한 사회적 상황에 대하여 서로 이야기함으로써 '개인의 사회'(society of individuals)를 창조하는 것이다(Ackerman, 1980: 99~100). 요컨대 오늘날 자유주의자들은 사회 이전의 자아를 주장하지 않으며, 단지 자신의 사회화를 지배해 온 가치들을 비판적으로 반성할 수 있는 능력을 가진 자아를 주장할 뿐이다. 그러므로 쟁점은 자아의 구성이 아니라 구성된 자아들의 연결, 즉 사회적 관계의 패턴에 있다. 자유주의에 대한 가장 훌륭한 이해는 자유주의가 자발적 연합을 중심으로 하며 자발성을 단절과 탈퇴의 권리로 이해하는 관계의 이론이라고 보는 것이다. 일례로 결혼의 자발성을 구성하는 것은 지속적인 이혼 가능성이다. 모든 정체성과 소속의 자발성을 구성하는 것은 다른 정체성과 소속을 쉽게 가질 수 있는 가능성이다. 그러나 이 쉬움이 쉬울수록 모든 관계는 더 불안정해지기 쉽다(Walzer, 최홍주 역, 2009: 227~228). 자유주의는 '사회의 개인' 차원에서 나타나는 공동체주의의 수정이 언제나 필요하다. 특히 분배적 정의에 있어서 공동체주의는 평등의 실현을 자유주의에 촉구한다. 권력과 부의 주류집단에의 집중은 사회적 안전망 속에서 가장 보호받고 있는 사람들이 누구인가에 대한 숙의를 하게 만들며, 생명과 복지 차원의 최소한의 정당한 재분배가 항상적으로 실행되어야 한다는 주장이다.

Ⅳ. 문화와 정체성

글로벌 다문화사회의 도래와 함께 사회과교육의 시민성 형성 담론에 새로운 의미를 부여하고 있는 것이 다문화주의이다. 다문화주의는 문화 정체성의 동등한 인정을 통하여 함께함(commonness)을 추구한다. 문화란 개체발생과 사회발생을 연속적으로 거치면서 나타난(김용신, 2011: 18) 인간의 언어와 행동, 생활에 관한 기호의 해석체계이다. 문화적 다양성이 증가하면 해석의 가능성이 확장된다. 정체성은 사회적 행위자가 문화적 속성 혹은 문화적 속성의 집합체에 기반을 두고 형성하는 의미의 구성 과정으로 이해된다. 이것은 어떤 의미 구성의 원천보다 우선하며, 개인이나 집단 행위자에게는 다원적 형태의 정체성이 존재할 수도 있다(Castells, 2010: 6). 문화적 다양성은 정체성의 다원성을 가져올 수도 있는 것이다. 인간이 예술적 행위들인 연극, 소설, 영화, 드라마, 노래 등에 몰입하는 이유는 스스로 문화 속에서 자기 정체성을 확인하고, 또 다른 문화 속으로 들어가 자기 정체성을 확장하려는 끊임없는 자존과 공감의 장이 펼쳐지기 때문이다. 이러한 정체성은 개인 차원에서는 자존감으로, 국가 차원에서는 애국심으로 생성되어 나타날 수 있는 것이다. 따라서 정체성을 다문화주의 관점에서 재구성할 경우 시민성의 기본 정향도 재해석되는 것이 필수적이다.

다문화주의는 지방, 국가, 지역, 글로벌 수준에서 다문화화가 진행됨에 따라 유용성을 확보하고 있다. 교차문화적인 교환에 따른 유익한 효과, 즉 다른 문화로부터 이주해 온 사람들이 공동의 문명 진보에 다양한 공헌을 하고 있다. 하지만 교차문화적인 다양성에 대한 기존 집단들의 반발과 폭력 사태 등은 다문화주의를 무시하거나 경시하는 효과를 아울러 나타내고 있다. 이렇듯 다문화주의가 양면성을 가지고 사회 세계에 구현되는 것이 사실이지만, 일상에서 사람들이 겪고 있는 다른 문화적 속성들로 인하여 회피될 수 없는 관점인 것은 분명하다. 글로벌 차원에서 다문화화는 확장 심화되고 있으며 단일문화로는 생존할 수 없는 현실 세계가 나타났기 때문이다. 이러한 경향은 민족국가와 이민 사회의 소수자들에 대한 차이 인정과 관용의 정도에 대한 논의를 생성시키고 있다.

민족국가에는 다민족 제국이나 연합보다 차이를 위한 공간이 더 적다. 관용되는 소수 집단의 구성원들도 권리와 의무를 가진 시민이기에, 그 집단의 행동은 다민족 제국에서보다 다수파의 감시를 받기가 더 쉽다. 그럼에도 불구하고 다양한 차이, 특히 종교적 차이가 자유주의적이고 민주적인 민족국가에서 성공적으로 유지되어 왔다. 소수파들은 종종 다수 민족으로부터 압력을 받기에 오히려 공동의 문화를 잘 유지한다. 이들은 자신의 정체성을 고수하는 경향이 강하며, 따라서 지역적으로 밀집되어 있다면 분리 독립이나 외세와의 합병 등의 의심을 받을 수 있다(Walzer, 최홍주 역, 2009: 331). 다문화주의는 사회적 통합이나 연대를 약화시킬 가능성이 있으므로 언제나 공동체주의의 견제를 받을 수밖에 없는 것이다. 한편, 이민 사회에서는 소수집단이 개인적인 가족 단위로 새 땅에 와서 퍼졌기 때문에 어떤 종류의 영토적 자치도 불가능하다. 공립학교에서는 민족 정체성을 갖지 않고 정치적 정체성만 갖는다고 간주되며, 다문화적으로 가르친다. 따라서 특정한 문화 관습을 갖는 것이 시민권의 조건이 되지 않는다. 지배적인 정체성을 선택할 수도 있지만 이중적인 정체성을 선호한다. 예를 들면, 이탈리아계 미국인의 경우 미국인은 정치적 정체성을, 이탈리아계는 문화 정체성의 인정을 나타낸다(Walzer, 최홍주 역, 2009: 333~335 참조). 자유주의 입장에서 보면 다문화주의의 정체성은 개인 개념과 정의의 보편적 적용 원칙에서 벗어나는 것으로 나타난다. 특히 소수집단 내부의 소수자들에 대한 다문화주의의 차이 인정 관점에 대하여 자유주의는 개체성과 자율성의 측면에서 우려하고 있는 것이 사실이다.

1960년대와 1970년대 소수 문화, 인종, 종족 등에 대한 관심으로부터 현실 세계의 시민권 확장 논리로 등장한 다문화주의는 새로운 국면의 시민성 개념을 도출하였다. 자유주의와 공동체주의에서 인정되어 온 법적-최소-능동 시민성의 차원을 넘어 다수자 시민 내부의 소수자로 존재하는 차별적 시민 개념을 변환하려는 시도를 지속적으로 유지하는 것이 다문화주의 시민성의 특성이다. 이것은 서열화된 중층적 시민성을 다양한 문화 정체성 인정 차원에서 동등하게 조정하려는 시도라는 점에서 민주주의 신조 가치들과 일치한다. 기본적으로 다문화주의는 문화 다양성을 결손보다는 자원으로 수용하며, 이런 관점을 언어와 문화뿐만 아니라 특수성, 젠더, 계층을 포함하는 영역으로 확장한다(Maxim, 2006: 49). 다문화주의는 포용의 관점에서 사회적 소수자들이 가진 다양성이라는 역량을 다수자들과의 동등성이라는 차원에서 구현하려는 철학이자, 사회개혁운동이고, 교육적 관심이다. 따라서 다문화주의 시민성은 변환 시민성08과 연계되어 있다. 같은 맥락에서 사회과교육의 기본 정향이 시민성에 있다면, 바버(Barber)의 강한 민주주의 논리를 수용할 필요가 있다. 그는 민주주의를 위한 시민교육은 적어도 세 가지 형태를 띤다고 본다. 즉, 공식 교육, 사적 부문의 사회 활동, 참여정치 자체 등이다. 여기서 정치 공동체로서 공식적 사회화로 이해되는 공식 교육은 이웃에서 국가로, 사적인 곳에서 공적인 곳으로 확대되는 시민의식을 함양하기에는 가장 적게 유용한 것으로 판단한다(Barber, 박재주 역, 1992: 345). 사회과교육이라는 공식 시민교육은 좀 더 참여적인 성향을 가져야 하며, 사회행동적인 요소들을 학습의 장에 도입해야 민주주의에 적합한 시민형성이 이루어질 수 있다는 논지이다. 다문화주의 시민교육 전략과 일치하는 견해이다.

민주주의의 실질적인 정교화 논리로 여겨질 수 있는 다문화주의는 글로벌 다문화사회의 관점에서 정체성 인정의 정치를 주장한다. 이것은 민주시민성의 작동 준거인 자유와 평등의 측면에서 비판적으로 검토할 수 있다. 먼저 자유와의 논의는 자율성 개념으

---

08 뱅크스(Banks)는 1955년 12월 1일, 앨라배마 몽고메리의 버스에서 백인에게 자리를 양보하기를 거부한 로자 박(Rasa Park) 사건, 1960년 2월 1일, 노스캐롤라이나 그린보로의 식당에서 예약된 백인 좌석에 앉은 아프리카계 미국인 학생들의 행동을 변환 시민성으로 본다. 이들의 행동은 흑인과 백인 간의 인종차별적 분리를 종결시키는 결과를 가져왔다(Banks, 2008: 136~137).

로 접근 가능하다. 자율성은 사람들이 그들 자신의 삶을 통제할 수 있어야만 한다는 자유의 가치이며 민주주의의 가치이다. 그런데 다수의 결정과 소수의 결정이 대립하는 경우 민주주의에서는 소수의 자율성이 희생된다는 문제가 발생한다. 민주주의는 이것을 절차주의에 의해서 해결한다. 즉, 대다수의 합의에 이르는 과정인 다수결에 이르는 절차에 하자가 없다면 소수는 자신의 자율성을 다수의 자율성을 위해서 포기해야 하는 것이다. 자유주의에서 동등한 개인들이 누리는 자유의 가치는 언제나 훼손될 수 있는 것이다. 좀 더 나은 해결 방법은 항상 성공하지는 않더라도 항상 시도할 수는 있다는 관점의 채택이다. 이런 입장에 서면 소수는 이미 결정된 것을 통제할 수는 없지만 언제나 그것에 영향을 미칠 수 있게 된다. 소수는 그들이 추진한 결정이 언제나 옳다는 것을 주장할 수 있는 것이다. 물론 다수도 그들이 옳다는 것을 언제나 주장할 수 있다. 요점은 어떤 개인도 위의 두 가지 방식을 모두 통제할 수 없고, 그들이 다수에 속하든 소수에 속하든 어떤 개인도 하고자 하는 것을 시도할 수 있다는 것이다(Harrison, 1993: 168~169). 다문화주의는 더 나은 해결방법을 정체성의 실현 관점에서 제공한다. 막연한 성공에의 시도를 넘어서 다수와 소수가 서로의 정체성을 인정하면 실질적으로 동등한 성공의 분배를 가져올 수 있다. 이것은 다수와 소수가 절차주의에 의해 대립되는 것을 방지할 수 있는 논리로 다수에게는 다수의 몫을, 소수에게는 소수에게 합당한 몫을 동등하게 제공할 수 있는 것이다. 그것은 실제로 보상이나 복지의 형태로 나타난다.

평등과의 논의는 불평등의 관점에서 접근할 수 있다. 민주주의와 평등의 본질적 속성상, 민주주의가 실제로 작동되는 순간에 평등은 사라지고 만다. 민주주의는 사람들이 만장일치로 동의하지 않을 때 결정 절차가 필요하다. 이것이 바로 일반화된 다수결 원칙이다. 그러나 다수결 원칙이 작동될 때 민주주의는 곧 불평등을 가져오게 마련이다. 다수의 결정은 수용되고 소수의 결정은 파기된다는 점에서 다수와 소수는 평등하지 않게 된다(Harrison, 1993: 178). 평등의 개념은 공정성(fairness)과 연계된 것으로서 처리의 평등(equality of treatment)을 의미하는 것으로 보면 이 문제를 해결할 수 있다. 그것은 동일한 경우에는 동일한 방식으로 처리한다는 것을 뜻한다. 민주주의에서 평등에 대한 문제는 사람들이 동등하게 참여한 결정 방법이 불평등한 결과를 산출한다는 것이다. 평등에는 두 가지 종류가 있다. 절차의 평등과 결과의 평등이 그것이다. 민주주의는 절차의 평등에 기초한다. 민주주의는 모든 사람을 동등하게 취급하는 절차이다(Harrison, 1993: 181~183 참조). 다문화주의는 결과의 평등을 지향한다는 점에서 민주주의의 절차주의에 위배될 수 있다. 따라서 완벽하게 동등한 결과물을 기대할 수 없다는 것이 다문화주의의 평등에 대한 제한점이다. 이것은 정체성 인정의 논리로도 해결하기 어렵다. 정체성의 인정으로 자유의 몫은 다수와 소수가 동등하게 가져올 수 있지만, 평등의 몫은 동등하지 않다. 개인-집단-국가가 모두 동등한 수준에서 결과의 평등을 누린다는 것은 오히려 자유의 훼손을 불러올 수 있다는 점에서 위험하다. 따라서 민주주의에서 적용되는 평등에의 다문화주의 접근은 절차주의에 의해서 공정성을 획득한 차별철폐 (affirmative action) 수준에서 이루어지는 것이 현실 세계이다. 그것은 소수자의 몫은 다수자의 관용과 이해, 인정을 협치(協治) 수준에서 합당하게 마련해 둔다는 의미이며, 동일한 경우에는 소수자를 우대한다는 원칙이다. 이때 다문화주의의 결과의 평등이란 민주주의 헌정체제에 근거한 것으로 여겨지며 불평등한 결과의 적극적인 수정의 의미로 받아들여진다.

V. 자유와 평등의 가능성

자유와 평등이 부조화된 민주주의는 정의롭지 못하다. 민주주의는 본질적으로 이것을 초래할 개연성이 있다. 자유에 경사된 세력이 혹은 평등에 경사된 세력이 항상 권력을 가진 통치자 집단이 될 수 있고, 또 언제나 이것은 달리 변할 수 있기 때문이다. 민주주의는 본질적으로 정의와 불의를 동시에 내포하고 있다. 시민교육은 민주주의를 정의롭게 만드는 중요한 의미를 갖고 있다. 국민국가를 구성하는 시민들이 덕과 자유, 정체성에 이르도록 하여 민주주의 헌정체제의 안정과 발전에 기여할 수 있게 해주는 것이 시민교육이기 때문이다. 여기서의 문제는 민주주의 신조 가치를 습득하게 해주는 시민성으로서의 정향은 무엇인지에 관한 것이다.

공동체주의는 현대적 자유주의자들에 대한 비판론을 견지하고 부분적 대안을 제시하는 선에서 주장을 멈추는 논리의 빈곤을 겪고 있다. 사랑과 우정이라는 오래된 공동체주의의 덕의 시민성으로는 민주주의 사회 세계를 구성하는 질서를 창출하기가 어렵다. 사랑과 우정은 너무나 추상적이고 공간적이어서 약간의 적용 범주를 확대하면 현실 세계에서 작동하지 않는다. 회사, 학교, 국가, 심지어는 이웃 간에도 사랑과 우정은 성립하기 어려운 것이 현실이다. 공동체주의에서 말하는 덕의 시민교육적 유용성은 애국심, 성실성, 우애, 협동 등을 통하여 사회적 연대 의식을 높여 준다는 점에서 찾을 수 있을 것이다.

자유주의는 확고한 이론적 관점을 지켜나가면서 전통적인 민주주의의 토대 이론으로서 작동하고 있다. 사회에 선행하는 개인 개념과 가설적 사회계약 상황을 도입하더라도 자유의 본질에 기대고 있으므로 비판의 실익이 의심될 정도다. 개인적 자유 의지와 결정에 따른 사회 세계의 도입 절차 이외의 어떤 가정과 전제로 실제로 민주주의 사회에서 적용되는 정의의 원칙을 합리적으로 설득할 수 있는지 묻는다면 대답하기 어려울 것이다. 자유의 우선성은 관용, 자율성, 수월성, 예술성 등의 시민적 가치들을 절차적으로 정당한 다수의 동의하에 현실 세계에 구현하고 있다. 그러나 공동체주의자들이 지적하듯이 개인적 자유의 포괄 적용은 분리와 이탈, 불안정의 문제를 내포하고 있으며, 사회적 소수자들에 대한 관용이 피상적 수준에 그치고 있다는 비판은 평등에 대한 고려가 필요하다는 문제제기로 볼 수 있다.

다문화주의는 정체성의 인정을 통하여 개인과 공동체, 자유와 평등의 긴장 관계를 풀어나가고 있다. 사르토리(Sartori, 1987)의 말처럼 민주주의가 자유와 평등을 두 축으로 하는 하나의 실타래라는 관점에서 보면, 가장 형평성 있는 논리를 추구하는 것이 다문화주의이며 정체성의 정향이라고 해석할 수 있다. 이것을 글로벌 다문화사회의 민주주의 헌정체제에 적용하면 더욱 정교한 논리가 발견된다. 글로벌 다문화사회는 이해와 통합을 동시에 요청하면서, 개인-사회-국가-세계 차원의 시민성 계발을 요청하고 있다. 개인이나 공동체 중심으로는 이에 대응하는 논리체계의 성립이 어려워진다. 하지만 정체성의 정향으로 접근하면 각 차원 간 시민성의 대립 관계를 해소할 수 있다. 정체성은 다양성, 포용성, 변환성의 시민교육 논리로 자유와 평등에 접근한다. 다수자와 소수자들이 모두 함께하는 민주주의가 현실적인 한계를 넘어서 가능한 것으로 다가올 수 있다.

5. 글로벌 시민성의 원칙과 개념

Ⅰ. 글로벌 시민과 시민성

글로벌 시민에 관한 논의가 실제적 의미를 갖게 된 것은 글로벌화에 따른 세계적 시장질서의 등장과 국민국가 간 상호의존 관계의 심화와 더불어 글로벌 시민사회(global civil society)라는 제3지대(the third zone)가 영향력을 갖게 되면서부터라고 볼 수 있다. 국제비정부기구(INGO)와 같은 글로벌 공동체로 구성된 글로벌 시민사회는 민주주의의 세계적 확대라고 표현할 수 있다. 국민국가의 개별 시민들은 경계를 초월하여 인권, 환경, 발전, 기아, 전쟁, 빈곤, 차별 등의 공유된 의제를 개발하고 목표를 설정하여 민주적 절차와 논리에 따라 가치를 실현하는 글로벌 시민사회의 구성원이 되고 있다. 이는 글로벌 거버넌스 체제를 표상하는 국제연합 (UN) 산하의 유네스코(UNESCO), 유니세프(UNICEF) 등 전문기구 뿐만 아니라 엠네스티(Amnesty), 그린피스(Greenpeace), 옥스팜 (Oxfam), 국제인권연맹(International Federation of Human Rights), 정의로운 직업(Jops with Justice), 월드비전(World Vision), 국경 없는 의사회(Medecins Sans Frontieres) 등 다양한 활동으로 나타나고 있다. 이처럼 글로벌 시민사회는 민주 시민성의 글로벌 수준의 구체화라고 볼 수 있으며, 글로벌 시민, 시민성의 실체성을 확보하게 해준다(Armstrong, 2006: 350~351 참조). 웨스트팔리아 (Westphalia) 체제에서 비롯된 국민국가 범주의 시민성이 글로벌 통합과 상호의존의 시민성과 연계되어 점진적으로 전환되어 나가는 현상이 현실세계에서 대안적 일상으로 다가온 것이다. 따라서 과거의 국가 시민성의 범주는 확장이 불가피하게 되었으며 글로벌사회의 시민교육 디자인의 필요성이 대두되어 글로벌교육이 사회과의 주요 분야로 도입되었다(Gilliom, 1981: 169).

현재 직면하고 있는 기후변화, 군비증강, 빈곤, 질병 등의 위기는 본질적으로 글로벌하다. 이들은 한정된 영토에 머무르거나 인종, 종족, 젠더로 분할된 국가 범주를 넘어서는 글로벌 수준의 과제들이다. 교육은 이러한 글로벌 수준의 도전적 과제들을 해결할 수 있는 거의 유일하면서 현실적인 희망을 제공해준다(Ramdas, 2011: 6). 글로벌교육은 좀 더 정의롭고 평화로우며 지속 가능한 세계를 지향하려는 현실세계의 노력인 셈이다(Schattle, 2008: 75). 이러한 글로벌교육의 목표로서의 글로벌 시민성은 평화와 정의를 향한 다양한 움직임을 불러일으켜 왔다(Karlberg, 2008: 10). 옥스 팸(Oxfam International, 1997)은 글로벌 시민성을 불공정과 불평등에 대해 이의를 제기하고 수정하려는 능동적인 사고방식과 행동이라고 정의한다. 이런 관점에서 글로벌 시민(global citizen)은 세계 시민으로서의 역할을 폭넓게 인식하고, 다양성을 존중하며, 어떻게 세계가 정치·경제·사회·문화·기술·환경 영역에서 작동되는지 이해하고, 사회적 불공정에 저항하며, 지역과 세계 차원에서 공동체에 기여하기 위해 참여하고, 더욱 지속 가능한 장소로서의 세계를 만들기 위해 행동하며, 그 행동에 대해 책임 의식을 갖고 있는 사람으로 규정될 수 있다(p.3). 글로벌 시민은 평화와 정의를 의식적으로 실천하려는 사람들로 정의되는 것이다.

이러한 글로벌 시민과 시민성의 성립과 확장에 관한 논의에서 문제가 되는 것은 현실적으로 중층화된 문화 정체성과 글로벌 정체성, 혹은 국가 시민성과 글로벌 시민성 간의 갈등 가능성이다. 이에 대하여 김용신(2009)은 글로벌 시민성이란 각각 다른 차원에서 발생하는 시민성으로 구성되는 것으로 보이지만, 총체적으로 융합된 정체성의 시민 정향으로 귀결될 수 있으므로 국민국가 내부의 정체성과 시민성이 글로벌 정체성과 시민성과 소통하는 것은 자연스런 결합 현상이며, 따라서 국가 시민성과 글로벌 시민성은 필연적으로 긴장 관계를 설정하지는 않는다는 논리를 제시하였다. 이것은 개인의 한정된 공간 속에서의 정체성과 시민성, 확장된 공간 속에서의 정체성과 시민성의 연계와 소통의 논리로 해석될 수 있다.

글로벌 시민성의 실효적 의미와 관련하여 국제사회는 주권국가가 엄존하는 상황이며, 세계정부나 세계 공동체는 현실세계에 구현되지 않았으므로 글로벌 시민과 시민성 개념은 성립 불가능하거나 수사적 용어에 불과하다는 지적이 따를 수 있다. 또한 글로벌 시민과 시민성의 실제적 의미를 인정하더라도 미국이나 서구 주도의 국제통화기금(IMF), 세계무역기구(WTO) 등에 의한 현대적 제국주의와 식민주의의 정당화 논리로 변질될 수 있으므로 바람직하지 못하다는 문제가 제기될 수도 있다(Arneil, 2007: 301~302). 특히 지정학적 부자연스러움에 처해 있는 한국에서의 글로벌 시민과 시민성에 관한 논의는 현실적으로 부족하고 이루어질 수 없는 수사적 논점이라고 비판받을 수 있다.

그러나 한국적 상황과 직접 맞닿아 있는 분단과 군사적 대립, 이에 따른 과도한 군비 지출과 강제된 남성 징병, 지역 갈등, 빈부격차, 다문화의 급증, 자살과 이혼율의 증가, 비정규직의 확대, 경제 규모에 비해 미비된 보편적 복지 등을 해결해 내기 위한 전략과 논리는 역설적으로 한국을 넘어서는 철학과 관점이 필요하며 유용하다는 것이 현실이다. 전쟁과 기아, 빈곤, 공포, 차별, 젠더, 소수자, 핵무장 등의 국제적으로 연계된 문제를 풀 수 있는 평화와 정의의 글로벌 관점을 교육 영역에 적극 도입함으로써 한국적 상황의 현상 변경과 아울러 세계적 수순의 공동체 시민 국가를 지향할 수 있는 것이다. 글로벌 시민이나 시민성은 영국이나 미국과 같은 전통적 제국만의 한정 논리로 보아서는 안 되며, 한국 사회과에서 지향해 나가야 하는 시민교육의 주요 논리로 여겨져야 할 것이다.

Ⅱ. 글로벌교육의 원칙과 개념 요소

우리나라에서 글로벌교육이라는 용어가 관련 학회와 연구소 차원에서 공식적으로 등장한 것은 2009년 설립된 서울교육대학교 글로벌교육연구소(CGSE)와 그것이 모태가 되어 창립된 글로벌교육연구학회(AGSE)가 공동으로 『글로벌교육연구』(GSE) 저널을 정기적으로 발간하면서부터라고 볼 수 있다. 이전에는 국제이해교육과 다문화교육의 형태로 일단의 학문적 편린으로 잠재 논의되어 온 글로벌교육이 고유한 학문적 체계성을 표방하며 장기 지속적인 분야로 성립된 것은 의의 있는 일로 볼 수 있다. 이것을 역으로 보면 글로벌교육의 기본 개념 요소는 국제이해교육과 다문화교육이 제공하는 것으로도 해석할 수 있다. 하지만 공간과 영역 한정적인 기존의 논의로는 현재의 글로벌 다문화 현상을 교육적으로 재구성하기 어려운 것이 사실이다. '개인－사회－국가－세계' 차원에서 국제사회의 이해와 문화적 다양성을 중첩적으로 운위하는 글로벌교육의 학문적 정립과 현장에서의 실천이 필요한 까닭이다.

초등사회과 교육과정 분석의 준거로서 글로벌교육의 핵심 내용 요소를 도출하기 위한 국내외 연계성을 갖는 체계적인 선행 연구에는 김현덕(2007), 배한극(2008), 남호엽(2009), 김용신(2009), 김원수(2011) 등의 논문과, 한비(Hanvey, 1976), 메리필드(Merryfield, 1997), 앨거와 하프(Alger & Harf, 1985), 파이크(Pike, 2000), 힉스(Hicks,

2003), 오슬러와 빈센트(Osler & Vincent, 2002), 뱅크스(Banks, 2007) 등의 논저가 있다. 먼저 김현덕(2007)은 국제이해교육과 다문화교육의 개념과 방향성에 대하여 포괄적 차원에서 정의하고 있으며, 2006년 본격적인 다문화교육의 등장 이후에는 국제이해교육과 다문화교육을 공통점과 차이점을 가진 영역으로 구분 논의하여 개념적 요소에 대한 시사점을 제공해 주었다. 배한극(2008)은 미국 글로벌교육의 발생과 목표, 내용, 방법을 포괄적 차원에서 소개하여 글로벌교육에 대한 체계적인 정의에 접근하면서 사회과와의 연계성을 추구하였으며, 남호엽(2009)은 글로벌 시대의 다문화교육에 대한 이해를 구체적인 교육 장면에서 그려내어 다문화교육 속의 글로벌 관점의 중요성을 지적하고 있다. 김용신(2009)은 국제이해교육과 다문화교육의 제한된 논의에서 벗어나 글로벌교육 연구전통의 새로운 추구와 정립을 주장하였고, 김원수(2011)는 글로벌 스터디즈의 역사적 맥락에 초점을 맞춰 글로벌교육 연구 및 실천과 관련된 포괄적 요소들을 거론하고 있다.

또한 글로벌교육의 개척자로 불리는 한비(1976)는 글로벌 관점의 중요성과 지식 습득의 필요성을 지적하여 글로벌교육의 방향성을 제시해 주었으며, 메리필드(1997)는 문화적 다양성에 대한 이해과 글로벌 이슈가 글로벌교육의 핵심 요소라는 것을 논의하였고, 앨거와 하프(1985)는 가치, 소통, 행위, 절차, 기제가 글로벌교육의 주요 영역이 되어야 한다는 논지를 전개하여 글로벌교육의 체계화를 시도하였다. 이 외에도, 파이크(2000)와 힉스(2003)는 글로벌교육의 목표 관점에서 지구적 맥락의 접속을 언급하였으며, 오슬러와 빈센트(2002)는 글로벌 시민성의 요소들을 구체적으로 제시하여 글로벌교육의 다양한 목표와 내용과 관련된 지식, 기능, 가치 등이 중요하다는 것을 인식시켜 주었고, 뱅크스(2007)는 글로벌교육이 개인과 국가와의 상호 연계된 다중 차원에서 성립 가능한 필수적인 시민교육 체계라는 점을 강조하여 내용과 방법 요소에 대한 아이디어를 제공해 주었다.

이러한 선행연구의 경향을 글로벌 시민과 관련지어 개념 중심으로 정리하면, 글로벌교육이란 '지역에서 세계와, 세계에서 지역과' 소통할 수 있는 글로벌 시민 형성을 목표로 하며(김용신, 2009: 54), 글로벌 시민은 평화가 글로벌 질서 체계의 핵심으로 글로벌 시민성의 성립 요건이라는 점을 인식하고(Osler & Vincent, 2002: 22), 빈곤 제거의 실현과 관련된 경제정의와 차별의 금지와 정치적 불평등의 제거와 같은 기본 인권을 존중하는 사회정의를 추구하며(Noddings, 2005: 5∼6), 다른 문화는 다른 가치 체계, 다른 준거 틀, 다른 사고와 행동 양식, 다른 세계관을 소유한다는 것을 인정하는 인간 존재의 다양성을 수용하고(Gilliom, 1981: 170), 지구의 환경 보호를 위해 공기, 물, 기후와 관련된 변화에 민감해야 하며, 지속 가능한 인간 생활을 위한 생태적 사고력을 갖추어야 하고(Noddings, 2005: 9∼10), 민주적 절차와 형평주의에 의해 글로벌 문제의 해결 과정에 의식적으로 참여하는 교육받은 사람을 말한다.

따라서 글로벌교육은 글로벌 시민 형성을 겨냥하면서 글로벌 관점, 문화에 대한 존중과 이해, 글로벌 이슈에 대한 지식, 세계의 상호연계성에 기초한 학문 영역으로 규정할 수 있으며(Kirkwood, 2001: 12~13), 문화 다양성, 불공정, 상호연계, 협동과 갈등으로 규정할 수 있는 세계에 참여할 수 있는 지식, 기능, 태도를 함양하는 과정(Merryfield, 1997: 10), 또는 글로벌 이슈와 사건, 글로벌 관점에 대한 다른 문화와 정치적 관점에 대한 국제적이고 학문적인 교수－학습 과정으로 정의할 수 있다(Hicks, 2003: 274). 글로벌교육은 일상화된 세계의 상호연계와 소통을 토대로 공통의 역사와 운명에 대한 관심을 갖고, 어떤 사회도 진리와 지혜의 변방이 아니며, 어떤 국가의 세계에 대한 관점도 보편적으로 인정되지 않는다는 점을 전제로 성립되는 글로벌 관점을 핵심으로 하는 것이다(Gilliom, 1981: 170). 이러한 글로벌교육의 전개 과정에서 글로벌 시민으로 성장한 사람들은 지역 공동체와 글로벌 수준에서 평화와 인권, 민주주의를 실행할 수 있는 효율적인 정체성을 갖게 될 것으로 기대된다. 같은 맥락에서 배한극(2008)은 미국의 글로벌교육을 성찰하면서 결론에서 아래와 같이 요약하고 있다.

> 글로벌교육은 국민국가의 국민 형성에 주력해 온 종래의 전통교육을 초월해서 글로벌사회에 살아갈 수 있는 글로벌 시각(global perspectives)을 갖춘 세계시민(global citizen)을 기르는 데 초점을 맞추고 있을 뿐만 아니라, 학생들에게 미국 국민으로서뿐만 아니라 세계시민성(global citizenship)이라는 보다 높은 차원의 시민성을 위한 비전을 제시하고 있다. 이제 글로벌 시각은 모든 미국 교육의 중요한 요소가 되고 있으며, 학생들에게 타 문화의 시각으로부터 세계를 볼 수 있도록 하고 있으며, 호기심, 감수성, 관용, 그리고 동정하는 태도를 기르고, 나아가서는 균형 잡힌 사회 경제적 발전과 인권과 평화와 정의를 성취하는 데 적극적인 참여를 고취시키고 있다(p.26).

글로벌교육은 글로벌 관점을 전제로 글로벌 시민과 시민성을 함양하는 시민교육 차원에 중점을 두는 것이며, 문화 다양성, 관용, 형평, 인권, 발전, 정의를 기본 요소로 하는 것으로 개념 정의 되는 것이다. 이를 구조화하면 글로벌교육의 목표는 글로벌 관점을 전제로 민주주의와 발전, 인권의 실현을 가능하게 해주는 가치, 태도, 행동의 함양을 통하여 글로벌 수준의 평화문화를 구축하는 것이며, 내용 요소는 협동, 비폭력, 인권 존중, 문화 다양성, 민주주의, 관용 등이고, 방법은 사회정의와 인권을 고양하기 위한 비판적 사고와 의식적 참여 활동에 기초한 교육적 접근으로 정리할 수 있다(Osler & Vincent, 2002: 2). 결국 글로벌교육의 구성 개념(constructs)들은 글로벌 관점, 평화, 정의, 문화, 다양성, 발전, 생태적 사고, 민주주의, 형평주의, 의식적 참여 등으로 규정할 수 있다. 이에 따른 글로벌교육의 기본 개념 요소를 전제, 목표, 내용, 방법 측면에서 체계적으로 제시하면 다음과 같이 '1원칙, 5개념 요소'로 집약될 수 있다.09

· 원칙: 글로벌 관점의 인식 [전제]
· 개념 요소

---

09 1차 전문가 패널 면접 델파이에서 1명의 전문가로부터 '글로벌 관점의 인식'을 원칙 보다는 개념 요소에 포함하자는 견해와 2명의 전문가로부터 '민주주의'를 방법이 아닌 내용에 포함하자는 견해가 소수 의견으로 제시되었다. 패널 논의 결과 글로벌교육의 출발점 혹은 성립 선행조건은 글로벌 관점을 인식하는 것에 있다는 결론에 도달하였으며, '민주주의'의 경우, 내용과 방법적 측면 모두 있다는 점에 유의하되 글로벌 이슈와 쟁점들의 해결을 위해서는 민주주의가 제시하는 절차적 정당성을 확보해야 한다는 것이 강조되면서 '의식적 참여'라는 방법적 요소에 '민주주의'가 추가되어 '민주주의와 의식적 참여'를 글로벌교육의 방법으로서의 개념 요소로 정리하였다.

1) 평화의 구축 [목표]
2) 경제 및 사회 정의 추구 [내용]
3) 인간존재의 문화적 다양성 존중 [내용]
4) 생태적 발전의 이해 [내용]
5) 민주주의와 의식적 참여 [방법]

　　위의 '1원칙'이란 글로벌사회의 시민으로서 살아가야 하는 데 필수적인 전제 혹은 성립 선행조건을 말하는 것으로 국민국가와 세계를 상호 연계하여 이해할 수 있는 글로벌 관점을 의미하는 것이며, '5개념 요소'란 목표로서의 평화의 구축, 내용으로서의 경제 및 사회 정의 추구, 인간존재의 문화적 다양성 존중, 생태적 발전의 이해, 방법으로서의 민주주의와 의식적 참여를 말한다. 물론 이러한 구분이 배타적 범주성을 갖는 것은 아니지만, 글로벌교육은 지구적인 문제와 쟁점 등에 대한 '개인-사회-국가-세계' 차원의 총체적 인식으로부터 출발한다는 점에서 글로벌 관점은 글로벌교육의 원칙이 될 수 있으며, 글로벌교육이란 결국 지구적 수준의 평화체제 구축을 지향한다는 점에서 평화는 목표로 지칭할 수 있고, 평화구축에 도달하려면 사회경제적 정의의 추구, 인간과 문화 다양성에 대한 존중, 생태적인 지속 가능한 발전 등이 글로벌교육의 필수 내용이 되어야 하며, 이를 이루기 위해서는 글로벌 수준의 민주주의와 절차, 의식적 참여가 방법적으로 실행되어야 한다는 점에서 논의의 실익이 있다.

6. 사회과교육의
글로벌 지향성

Ⅰ. 사회과 교육과정과 글로벌교육

　최근 한국 사회과교육은 글로벌 다문화화로 인한 사회 변화 양상과 외국인 근로자, 결혼 이민자, 북한 이탈 주민, 유학생 등 이주자의 대거 유입으로 새로운 사회 구성원에 대한 시민교육을 커다란 관심사로 논의하고 있다. 글로벌 시대에 적합한 시민교육 논리 형성과 실천에 관한 담론이 진행되고 있는 것이다. 이러한 시사적 경향을 반영한 사회과 교육과정이 2011년 고시되었다. 2011 교육과정이 공통적으로 추구하는 기본 인간상을 요약하면 자주인, 창의인, 문화인, 세계인이다. 민주시민교육을 기본 정향으로 하는 사회과교육의 성격을 보면, "…… 세계 시민으로서의 가치, 태도 등에 관한 요소를 중시한다"라고(교과부, 2011: 2) 규정하여 세계인 교육을 강조하고 있다.010 이러한 교육과정의 기저는 사회변화에 따른 동시대적 사회적 효율성 확보를 기본 성격으로 하는 사회과 교육의 전환 논리를 그대로 반영한 것으로 해석할 수 있다.

이처럼 새로운 사회과 교육과정은 글로벌 다문화화라는 새로운 현상에 주목하여 글로벌 시민교육의 체계적 실천을 겨냥하고 있다. 1980년대 이후 세계적 추세로 강조되어 온 글로벌교육(global education)은 글로벌 다문화 현상을 총체적 국면에서 교육적으로 이해하고 실천하기 위한 논리를 담고 있다. 본질적으로 국제적 차원에 집중하는 국제이해교육과 국내적 차원에 머무를 수밖에 없는 다문화교육의 한계를 이론적·실천적 차원에서 극복하게 해주는 관점이 글로벌교육이다. 지구촌 시대가 도래하면서 글로벌교육은 사회과와 연계되어 실행되어져 왔다. 사회 인식 교과로서의 사회과는 상호의존의 심화와 더불어 밀접하게 연계된 세계를 학생들에게 제시해야 하는 교육적 책무성을 갖고 있다. 글로벌교육은 세계 차원의 이슈, 사건, 관점을 다루는 학문 분야이다(Hicks, 2003: 274). 국제사회와 국내사회, 광역문화와 협역문화, 개인과 세계를 사회과 학습 장면에서 구체화할 수 있는 주제와 소재, 논리를 함의하는 것이 글로벌교육인 것이다.

이 글은 사회과교육이 추구하는 '세계와 소통하는 글로벌 시민'

---

010 교육과학기술부고시 제2012-14호에 따른 2012 사회과 교육과정이 고시되었다. 초등 사회과의 경우 2007(2009) 교육과정에 비하여 새로운 내용체계와 요소를 지닌 2011 사회과 교육과정의 기본 틀이 2012 교육과정에서도 유지되고 있으므로 실제적 변화 가 있었던 2011 교육과정을 분석 대상으로 한다.

육성의 체계화에 초점을 맞추고 있다. 초등사회과 교육과정은 초등학교 현장의 교실 사회과 수업에 직접적으로 영향을 미치며 적용되는 것이 제도이며 현실이다. 따라서 초등사회과 교육과정에 나타난 글로벌교육 관련 단원과 주제의 논리적 도출과 실행 필요성을 밝히는 연구는 초등학생들의 글로벌 시민으로서의 자질 함양과 효율적으로 연계될 수 있다. 이를 위해 앞 장에서 소개된 글로벌 시민과 시민성의 논리와 글로벌교육의 정의에서 비롯되는 글로벌교육의 핵심 원칙과 개념 요소들을 바탕으로 구축된 글로벌교육의 주요 개념 준거(concept frame)를 초등사회과 교육과정의 내용체계 주제들을 분석하는 도구로 활용하여, 글로벌교육의 체계적 실행 가능성을 겨냥하는 것이 주요 목표다.

이러한 목표에 도달하기 위해 정성분석을 주 연구방법으로 하면서 전문가 패널 면접 방식의 규범형 델파이(Delphi) 기법[011]과 정성분석 과정에서 나타나는 조직화의 단계에서 패턴을 표상하기 위해 통합적 연계성을 확보하게 해주는 불리언 접근법(Boolean Approach)의 논리에 기초한 맥락 내용분석 기법과 부수적인 정량 기법을 활용하였다. 1차 델파이는 글로벌교육의 개념 준거를 확보하기 위한 문헌연구 결과를 검토하는 과정이며, 2차 델파이는 도출된 개념 준거를 바탕으로 정성분석의 논리에 따라 2011 초등사

---

[011] 규범형 델파이 방법은 비교적 소규모 전문가 패널을 단기간 협의회 형태로 유지하면서 연구 과정과 결과에 대한 다양한 대안과 확증의 절차를 거치도록 지원하는 연구 기법을 말한다. 여기서는 현장전문가 3명, 연구위원 4명, 대학교원 3명 총 10명으로 구성된 전문가 패널 면접을 1차(2012.06.)와 2차(2012.11.) 총 2회기에 걸쳐 운영하였다. 규범형 델파이와 관련된 보다 상세한 설명은 이종성(2006)의 『델파이 방법』을 참조할 것.

회과 교육과정의 대주제와 소주제를 1단계와 2단계 분석 절차를 거쳐 만들어낸 글로벌교육 내용 요소를 확증하는 과정을 말한다. 여기서 1단계란 개념 준거와 대주제, 소주제의 관련성을 각각 판별하는 것이며, 2단계란 개념 준거와 대주제, 소주제를 통합적으로 고려하여 분석하는 절차를 의미한다.

II. 글로벌교육 내용 요소 분석

글로벌교육은 기본 속성으로 볼 때 특정 학문 영역이나 교과 분야에 한정되지 않는다. 그러나 이것이 전문화된 교육과정이나 교과 영역을 부인하는 것은 아니다. 글로벌교육을 선도하는 핵심 교과는 언제나 필요하며 현실적으로 인정되어야 한다. 상호인정의 다양성을 토대로 하는 글로벌 관점은 사회과 교육과정의 포괄성 속으로 자연스럽게 융합될 수 있다(Gilliom, 1981: 170).[012] 사회과의 다양한 학문 영역과 교수 기법들은 글로벌 주제들을 정치, 역사, 지리, 경제 사회문화, 인류학의 관점에서 접근하여 통합적 관점에서 이해하게 해주는 중요한 논점을 제공할 수 있는 것이다. 따라서 글로벌교육이 지향하는 개인과 지역, 국가, 세계가 접속된

---

012 질리엄(Gilliom, 1981)은 글로벌 학습 과정에서 교사가 유의해야 할 점으로 '글로벌 교육 주간', '외국 문화의 날' 등과 같은 학습 활동은 효과가 매우 제한적이라는 것을 지적하면서 핵심 교과로서의 사회과의 지위성을 강조한다(p.171). 글로벌교육은 사회과 교육과정 속에서 체계화된 형태로 정규 학습 단원과 주제로 규칙적으로 도입 전개되어야 의도하는 교육적 효과를 거둘 수 있다는 견해이다.

공동체의 문제 해결과 인간 존재의 지속적 생존과 발전이 현실세계에서 구현되기 위해서는 사회과 교육과정과 수업에서의 글로벌 단원 주제와 소재의 재현이 요청된다.

이를 위해 글로벌교육의 기본 개념 요소를 분석의 준거로 삼아 교육과정 단원 대주제와 소주제(성취기준) 간의 상호 연계적 맥락(context)을 정성 분석하여 초등사회과 교육과정의 글로벌교육 지향성을 파악하였다. 분석의 1단계에서는 글로벌 관점이 제시된 대주제와 소주제들을 대상으로 글로벌교육의 개념 요소들과 직접 관련성을 맺고 있는 것으로 판별되는 내용 요소들을 각각 추출하는 작업이 진행되었다. 26개의 단원 대주제 중 '다양한 삶의 모습들', '사회 변화와 우리 생활', '우리 경제의 성장', '우리 이웃 나라의 환경과 생활 모습', '우리 사회의 과제와 문화의 발전', '세계 여러 나라의 환경과 생활 모습', '정보화, 세계화 속의 우리' 등 7개 단원이 글로벌 관점과 개념 요소를 충족하는 소주제들로 구성되어 있는 것으로 나타났다.

2단계는 1단계의 분석 결과를 통합적으로 고려하여 분석의 개념 준거로 제시된 '5개념 요소'와 대주제, 소주제와의 연계성을 불리언 접근법의 논리에 따라 속성적으로 판단하는 작업이 진행되었다. 판단 기준은 글로벌 지향 속성이 '있고, 없음'이며 이것을 굳이 수량화하면 '50% 이상인지, 50% 미만인지'의 기준으로 나타낼 수 있다.013 이 과정에서 중요한 것은 교육과정의 단원 대주

---

013 여기서 정량적으로 표현된 50%의 의미는 정성분석에서 통합적 연계성을 확보하는 전략으로 활용되는 라긴(Ragin, 1987)의 불리언 접근법(Boolean Approach)이 제시하는 대수 함수의 원리에 따라 1단계에서는 분석 준거와 대주제, 소주제의 개별 연계

제들이 글로벌교육 내용 요소로 판별되기 위해서는 글로벌교육 내용 요소로 판별된 소주제들의 총합적 구성 속성과 직접적인 관련성이 '있다'라고 판명되어야 한다는 점이다. 이것은 소주제들은 개별적으로 글로벌교육 내용 요소로 도출될 수 없다는 논지이다. 초등사회과 교육과정의 글로벌교육의 내용 요소는 글로벌 지향 속성을 함유한 대주제와 소주제들이 통합적으로 연계되어 개념 준거로서의 '5개념 요소'와 직접적으로 관련성이 '있다'라고 판별될 때 도출될 수 있는 것이다. 이는 글로벌교육 내용 요소의 체계적인 글로벌학습으로의 전환과 실행이라는 국면에서 보면 정당화될 수 있는 판별 논리이다. 최종 분석 결과 글로벌교육의 '1원칙, 5개념 요소'에 합당한 단원 대주제와 소주제는 <표 6-1>과 같다.[014]

<표 6-1>은 2011 초등사회과 교육과정에 나타난 26개의 단원 대주제 중 소주제들의 50% 이상이 글로벌교육 개념 준거와 직접 관련이 '있다'라고 판별된 내용 요소들을 도시한 것이다. 글로벌 관점의 전제하에서 글로벌교육의 개념 준거와 맞닿아 있는 단원은 3~4학년의 (9) 다양한 삶의 모습들, 5~6학년의 (5) 우리 이웃 나라의 환경과 생활 모습, (6) 우리 사회의 과제와 문화의 발전,

---

성[(A∩B)∪(A∩C)의 논리; A=분석 준거, B=대주제, C=소주제, 이하 같음], 2단계에서는 분석 준거와 대주제, 소주제의 통합 연계성을 확인하여[(A∩B∩C)의 논리] 최종적으로 '1'과 '0' 혹은 '있다', '없다'는 논리적 속성 판단을 뜻한다는 점에서 정성 범주에 포함된다. 이 글에서 나타나는 정량적 표현들은 정성분석의 조직화 단계에서 패턴을 표상하기 위한 부수적 기법임을 밝힌다.

014 2차 전문가 패널 면접 델파이에서 3명의 전문가로부터 글로벌 관점과 일치하는 소주제를 내포하고 있는 '사회 변화와 우리 생활', '우리 경제의 성장' 단원을 글로벌교육 내용 요소로 인정하자는 주장이 제기되었으나 본고의 연구 목표와 관련하여 제시된 글로벌학습의 체계적 실행 가능성 제고와 연구 방법으로 도입된 불리언 접근법의 원리에 따라 최종 판별 과정에서 제외되었다.

<표 6-1> 초등사회과 교육과정의 글로벌교육 내용 요소

개념준거	대주제	소주제	학년	영역
• 인간존재의 문화적 다양성 존중	다양한 삶의 모습들	• 문화적 차이와 다양성 이해 • 문화적 차별 편견의 해결 • 여러 나라의 다양한 생활 모습의 비교와 설명 • 문화 다양성 존중과 포용	3~4	일반사회
• 평화의 구축	우리 이웃 나라의 환경과 생활 모습	• 이웃 나라인 중국, 일본, 러시아에 대한 이해 • 갈등과 협력 사례의 추구와 설명	5~6	지리
• 인간존재의 문화적 다양성 존중 • 민주주의와 의식적 참여	우리 사회의 과제와 문화의 발전	• 다문화사회에 필요한 바람직한 태도 형성 • 경제 성장 과정의 사회문제 확인과 해결 방법 • 생활 속에서의 민주주의 실천과 참여	5~6	일반사회
• 인간존재의 문화적 다양성 존중 • 생태적 발전의 이해	세계 여러 나라의 환경과 생활 모습	• 세계 여러 지역 문화 다양성에 대한 지리적 이해 • 세계 각 국가의 자연적, 인문적 특성의 인식 • 세계 여러 나라의 환경과 생활 모습 이해	5~6	지리
• 평화의 구축 • 경제 및 사회 정의 추구	정보화, 세계화 속의 우리	• 국제사회의 문제와 협력의 중요성 인식 • 정보 사회로의 변화에 따른 영향 이해 • 세계화와 우리 삶의 변화에 대한 설명	5~6	일반사회

(7) 세계 여러 나라의 환경과 생활 모습, (8) 정보화, 세계화 속의 우리 등 5개로 대주제의 19.2%를 점하는 것으로 나타났다. 1단계에서 글로벌교육의 기본 내용 요소를 충족하는 대주제로 제시된 '사회 변화와 우리 생활' 단원은 사회적 소수자에 대한 편견 및 차별, 인권과 관련된 글로벌 관점의 소주제를 갖고 있으며, '우리 경제의 성장' 단원은 국제 거래와 상호 의존성이라는 소주제를 포함하고 있으나 각각 4개의 소주제 중 1개만이 글로벌 개념 준거와

일치하는 것으로 나타나 최종적인 글로벌교육 내용 요소로 판별되지 않았다.

최종 판별된 각각의 영역을 살펴보면 일반사회 3개, 지리 2개이다. '인간존재의 문화적 다양성 존중'이라는 글로벌교육 내용으로서의 개념 준거와 일치하는 '다양한 삶의 모습들' 단원은 비교적 통합성을 추구하는 3~4학년의 대주제이지만, 소주제들이 문화, 다양성, 생활, 차별, 편견, 포용 등으로 구성되어 있으므로 사회학 및 문화인류학적 의미를 가진 것으로 여겨져 일반사회 영역으로 구분하였다. 5~6학년의 일반사회 영역에서 '우리 사회의 과제와 문화의 발전' 단원은 글로벌교육 내용으로서의 개념 준거인 '인간존재의 문화적 다양성 존중'과 방법으로서의 개념 준거인 '민주주의와 의식적 참여' 등 2개의 개념 준거와 직접 관련이 '있다'라고 판명되었으며, '정보와, 세계화 속의 우리' 단원은 글로벌교육 목표로서의 개념 준거인 '평화의 구축'과 내용으로서의 개념 준거인 '경제 및 사회정의 추구' 등 2개의 개념 준거와 일치하는 것으로 나타났다. 일반사회 영역은 글로벌교육의 목표, 내용, 방법적 개념 준거를 포괄하는 내용 요소들로 구성된 셈이다.

지리 영역의 경우, 5~6학년의 단원 대주제 중 '우리 이웃 나라의 환경과 생활 모습' 단원이 글로벌교육 목표로서의 '평화의 구축' 개념 준거와 관련이 '있다'라고 판명되었으며, '세계 여러 나라의 환경과 생활 모습' 단원은 글로벌교육 내용으로서의 '인간존재의 문화적 다양성 존중'과 '생태적 발전의 이해' 등 2개의 개념 준거와 일치하는 것으로 나타났다. 지리 영역은 글로벌교육의 목표와 내용 개념 준거를 함유하는 대주제로 구성된 것으로 볼 수 있다. 역사 영역은 글로벌교육 개념 준거와 일치하는 단원이 발견되지 않았다. 이를 영역별로 종합하면, '일반사회:지리:역사＝3:2:0'으로 나타낼 수 있다. 따라서 일반사회와 지리 영역에서 글로벌교육 지향성이 나타난 것으로 판단할 수 있으며, 영역별 비교 측면에서 일반사회 영역의 글로벌 지향성이 뚜렷하였고, 이것은 글로벌교육 개념 준거를 2개 이상 반영한 단원이 일반사회 영역에서 2개로 나타나 상대적 비중에서 지리 영역의 2배이며, 글로벌교육의 목표, 내용, 방법으로서의 개념 준거를 모두 포괄한다는 점에서 명백해진다.

위의 분석 결과를 보면, 2011 초등사회과 교육과정은 글로벌 시대의 사회과교육이라는 큰 틀에서 학습자의 글로벌 관점의 인식과 이해를 개괄적으로 추구하고 있다고 평할 수 있으나, 글로벌교육 관련 단원의 학년 및 영역 편중, 글로벌교육 개념 준거를 포괄하여 효율적인 교수－학습이 가능한 통합적 형태의 단원 미흡이라는 문제가 드러났다. 3~4학년 단원과 5~6학년 단원의 비중이 1:4인 점은 적정 수준으로의 조정을 검토할 만한 일이며, 역사 영역의 글로벌교육 지향성이 '없다'라고 판명된 결과는 향후 글로벌 히스토리(global history) 관점의 초등사회과에의 도입으로 해결해 나가야 할 문제로 보인다. 또한 분과 형태의 사회과의 특성이 유지된 채 통합적 형태의 글로벌교육 관련 주제를 도입하다 보니 효율적인 글로벌학습의 가능성이 낮아 보인다는 문제는 의도적인 통합 단원의 개발이나, 각 영역 중심의 단원을 운영하되 소주제들은 영역 개방적 통합 주제들을 다루면 고수준의 심도 있는 교수-학습이 가능할 것으로 생각된다.

여기서 부가하여 살펴봐야 할 것은 현장의 수업 국면에서 볼 때 한국의 사회과 교실에서 글로벌 시민성 함양을 위한 글로벌 시민교육을 누가 어떻게 실행할 수 있는가의 문제이다. 교사와 학생의 상시적인 지구적 차원의 실질 현장학습, 유학, 여행, 국제교류, 재한 외국인 초빙 등의 글로벌 직접 경험이 글로벌교육에서 필수적이라는 시각과 그에 따른 잠재된 냉소가 사회과 교사의 직전 교육과 현직 교육, 학교 사회과 수업 장면을 방해하고 수업 효과를 훼손시킬 수 있다. 말하자면, 글로벌 경험이 없거나 부족한 교사가 마찬가지 상태인 학생을 대상으로 어떻게 글로벌교육을 실천할 수 있는가의 선입견 문제이다. 이에 대한 글로벌 교육론자들의 답변은 명백하다. 지역의 개별 학생들이 정보 사회에서의 일상적 체험이나 활동을 글로벌학습의 장으로, 의식적으로 익혀 나감으로써 글로벌 관점의 습득과 글로벌 시민으로서의 성장이 가능하다는 논리이다. 학교생활 속에서 소외된 친구에 대한 배려, 작은 갈등의 평화적 해결, 다문화 소수자에 대한 이해와 포용, 뉴스에 나타난 소년병의 훈련 모습, 한국사 속의 전쟁과 테러, 현존하는 군사적 위협, 여성과 어린이의 노동력 착취 등의 사례는 지역의 사회과 수업에서 개별 학습자들이 글로벌 관점을 수용하고 글로벌 시민성을 함양할 수 있는 학습 주제와 소재를 제공해 줄 수 있다. 또한 웹2.0 시대의 사회과 교사는 웹사이트와 SNS가 제공하는 협력 기법-email, Skype, Facebook, twitter, 카카오톡 등-

을 활용하여 지역학교의 교실 수업 속으로 글로벌 관점을 가진 세계의 학생들을 학습에 참여시킬 수 있다. 세계적으로 다른 공간에서의 같은 학습 활동에의 참여는 글로벌 시민으로의 성장을 도와주는 좋은 학습 방법이 될 수 있다(Kathy, 2010: 39).[015] 세계에 대한 고비용 체험이 없이 의식적인 글로벌 관점으로서의 평화와 정의, 다양성 존중의 태도와 실천 가능한 기능들을 학습할 수 있는 것이다. 21~22세기 글로벌 다문화사회를 살아가야 할 초등학생들은 글로벌 시민성을 함양하여 적정 수준의 삶(decent life)을 구가할 수 있어야 한다. 사회과교육이 세계와 소통하는 글로벌 시민 양성에 유념하는 이유이다.

Ⅲ. 글로벌교육 지향성

한국 사회의 글로벌 지향성은 다문화화의 심화와 더불어 일상적인 이야기로 진행되면서 뚜렷한 양상으로 나타나고 있다. 개인이 즉각적으로 세계와 소통하고 관계 맺기를 할 수 있는 글로벌사회가 현실세계에 구현된 것이다. 국민국가라는 공간 범주가 권력적으로 작동하는 것은 여전하지만 민주주의와 다양성, 지속가능성과 정의, 평화문화와 인권 등을 매개로 하는 글로벌 시민사회의

---

015 글로벌 시민 학습을 지원하는 웹사이트 프로그램으로는 GlobalSchoolNet, Flat Classroom Project, ePals, iEarn, TakingITGlobal 등 다양하다.

역동적인 등장으로 시민 생활의 경계가 확장된 것도 사실이다. 지구촌이라는 개념이 구호 수준에서 실질 수준으로 전이하고 있는 것이다. 이러한 현상은 사회과교육 속에 전통적으로 내재된 글로벌교육 영역에 대한 숙려와 실행을 요청하고 있다. 글로벌 관점에 대한 인식을 강조하는 글로벌교육이 세계국가를 형성하고 있는 강대국의 사회과교육 혹은 시민교육의 전유물로만 보아서는 안 되며, 이미 도래한 글로벌사회를 이해하고 적응하며 함께 주도해 나가야 하는 어린이들이 존재하는 모든 국가에 적용되어야 합당한 것이다.

글로벌교육의 학교 교실 수업에서의 정규 실행 가능성은 시민교육의 핵심 교과로 인정되어 온 사회과 교육과정을 분석하여 추론해 낼 수 있다. 사회과는 사회변화 현상에 대한 전반적인 인식을 가능하게 해주는 교과이므로 글로벌사회로의 전환을 주요 개념과 주제들을 통하여 표상하고 그대로 추구할 것으로 기대되기 때문이다. 이를 위해 앞 장에서는 글로벌 시민과 시민성의 사회과 교육과의 연계성을 파악하여 글로벌교육의 성립 전제를 논의하였으며, 글로벌교육의 정의와 목표, 내용, 방법에 관한 문헌 집약 작업을 토대로 분석 준거로서의 기본 개념 요소들을 도출하였다. 사실상 고전적 의미의 국민국가 시민과 시민성은 상호의존이 심화된 글로벌 결합의 세계에서는 경계의 확장이 불가피하게 되었으며, 이것은 시민과 시민성교육을 목표로 하는 사회과교육에 직접적으로 영향을 주어 글로벌 시민과 시민성을 다루는 글로벌교육의 사회과 속으로의 체계적인 도입이 현실화된 것으로 판단할 수 있다.

초등사회과 교육과정 내용의 정성분석을 위한 글로벌교육의 개념 준거는 '1원칙, 5개념 요소'로 정리할 수 있다. '1원칙'이란 글로벌교육의 본질 속성으로 간주되는 글로벌 관점의 인식을 말하는 것으로 교육과정 내용의 글로벌 지향성 여부를 판단할 수 있는 성립 선행조건으로서의 성격을 가진다. '5개념 요소'는 글로벌 관점 인식 원칙을 부수하는 기본 개념 요소로서의 준거들을 말한다. 여기서는 평화의 구축, 경제 및 사회 정의 추구, 인간존재의 문화적 다양성 존중, 생태적 발전의 이해, 민주주의와 의식적 참여 등이 분석의 개념 준거들로 도출되었다. 분석 결과를 요약하면 2011 초등사회과 교육과정은 개괄적 측면에서 글로벌 관점의 인식을 의미 있게 제시하고 있다는 점에서 기본적으로 글로벌교육을 주요 지향점으로 추구하는 것으로 판단할 수 있다. 다만 일반사회 영역 주제로의 편향성에서 드러난 영역 간 불비례 현상, 역사 영역에의 글로벌 지향성 도입 필요성, '5개념 요소'들을 고루 반영하여 충족시키는 글로벌 단원의 부재 등은 보완되거나 사회과 수업의 실행 과정에서 숙려되어야 할 점으로 보인다.

위와 같은 초등사회과 교육과정의 글로벌 지향성은 사회과 수업에서 글로벌교육의 기본 개념 요소와 직접 관련된 대주제와 소주제를 다룰 수 있다는 것을 의미하므로 글로벌교육의 체계적 실행 가능성이 열려 있다는 것을 함의한다. 사회과 글로벌학습의 실천 과정에서 중요한 것은 글로벌교육의 개념 준거들이 간학문적 성격을 띠고 있다는 점에 착안하는 일이다. 사회과 교육과정을 들여다보면 정치학, 경제학, 지리학, 역사학, 사회학, 문화인류학, 심리학, 법학 등이 각각의 영역을 형성하면서 개념의 형태로 사회과라는 하나의 틀 속에 사회과 고유의 이론적 범위와 계열성에 기초하여 전개되는 것이 발견된다. 이들을 분절적인 학문 영역별 주제로 나누어 교수하게 되면 사회과를 성립시켜 주는 기본 성격인 통합성을 경시하는 결과를 초래하여 결국에는 사회적 효율성을 훼손하는 본질의 오류를 범하게 될 가능성이 크다. 그러나 글로벌 개념 요소들의 간학문성은 사회과 수업에서의 통합적 주제 설정과 동시대 적합성을 갖추게 해준다는 점에서 실제적인 유용성을 담보하는 글로벌학습 상황을 만들어 낼 수 있다. 이런 점에서 정의, 평화, 다양성, 발전, 참여와 같은 학문 간 통섭을 가능하게 하는 글로벌 개념 요소들은 사회과의 본질과 맞닿은 글로벌 시민교육의 실행에 이론적·실천적 의미를 부여한다고 평가할 수 있다.

03

글로벌 정의와
제노포비아

글로벌 시대에 나타나는 가장 뚜렷한 현상은 이주와 다문화화라고 볼 수 있다. 한국 사회의 경우 2006년 이후 실행되어 온 다문화 정책으로 인하여 다양한 형태의 경계 혼종자(border crosser)들이 가시적으로 등장하고 있다.

7. 글로벌 정의와 소수자

Ⅰ. 글로벌 이주와 다문화

글로벌 시대에 나타나는 가장 뚜렷한 현상은 이주와 다문화화라고 볼 수 있다. 한국 사회의 경우 2006년 이후 실행되어 온 다문화 정책으로 인하여 다양한 형태의 경계 혼종자(border crosser)들이 가시적으로 등장하고 있다. 이들은 크게 잠재적 이주자와 현재적 이주자로 나눌 수 있다. 잠재적 이주자는 주류 전통사회에 새로운 사회 구성원들의 의도적인 이주가 이루어지고 있으나 언제든지 어떤 방식으로든 재귀향의 가능성이 열려 있는 형태를 말한다. 외국인 노동자들, 유학생들, 임시 체류자들이 이에 해당된다. 반면, 현재적 이주자는 기존의 정주자들과 함께 공존할 목적이 뚜렷한 디아스포라들이 생성시킨다. 결혼 이민자들과 그 자녀들, 북한 이탈 주민, 귀화자들로 구성된 이주 형태를 의미한다.

이들 중 다문화화의 주요 동인(動因)으로 작동하는 구성요소는 잠재적 이주 형태의 외국인 노동자와 현재적 이주 형태의 결혼 이민자, 북한 이탈 주민으로 여겨지고 있다. 다문화사회의 소수자들은 주로 이들을 지칭하는 말이다. 2010년 법무부 통계를 보면, 다문화 소수자로서의 한국 거주 외국인은 1,261,415명에 달하며, 가장 커다란 비중을 차지하고 있는 이주 형태는 외국인 노동자들이다. 취업자격 외국인 노동자는 총 557,941명으로 전체의 약 44.2%이고, 불법 취업자는 51,065명으로 나타나 있다(법무부, 2011.03.05. 검색). 이것은 결혼 이민자와 그 가정 자녀의 두 배를 넘는 통계값으로 이주 다문화의 전형이 외국인 노동자라는 사실을 말해준다.

우리나라는 결혼 이민자와 그 가정 자녀 등 한국인과 혈족 관계에 있는 외국인에 대해서는 다문화 정책이라는 이름하에 적극적인 사회 통합 정책을 펼치면서, 이주 외국인 노동자들에 대해서는 차별 혹은 무관심의 이중적 태도를 보이고 있다(김희정, 2007: 76).[016] 다문화 소수자 중 가장 커다란 비중을 점하고 있는 외국인 노동자 집단이 가장 소외, 차별, 경시당하는 다문화 속 소수자의 지위성(positionality)을 갖고 있는 것이다. 실제로 외국인 노동자는 저임금, 임금체불, 열악한 노동조건 등 노동과 관련된 심각한

---

016 이러한 다문화 속 소수자에 대한 또 다른 이중적 차별은 2006년 4월에 발생한 미등록 이주노동자 강제단속 추방 과정에서 추락사한 터키 노동자 코스쿤 셀럼의 사건에서 극명하게 드러난다(김희정, 76).

문제를 지닌 채 거주하고 있다. 일상생활에서는 언어와 문화의 차이, 유색인종과 저개발국가 출신에 대한 한국인의 편견과 차별, 경찰폭력, 타향에서의 식생활의 어려움, 종교 공간 부재에 따른 종교생활의 어려움, 의료 등 복지제도에서 배제되는 문제, 법적 권리의 미보장에 따른 불이익 등의 다양한 문제를 안고 있다. 미등록 이주노동자의 경우에는 여기에 단속과 추방의 두려움이 더해진다(윤인진 외, 2010: 18).

일반적으로 외국인 노동자들은 합법적이든, 불법적이든, 임시적이든 입국할 때부터 미래의 시민 혹은 장기 거주자로 생각되지 않는다. 그러나 이들은 다소간 영구적으로 거주하려는 경향이 있으며, 추방과 구금의 위험이 있음에도 불구하고 어떤 국가의 확실한 공동체를 형성하거나, 불법적이든 합법적이든 어떤 고용의 형식과 연관되어 있고, 결혼을 해서 가정을 이룬 경우도 있다(Kymlicka, 장동진 외 역, 2008: 494).017 사실상의 정치 공동체를 형성하는 거주자이면서 시민이 아닌 이방인으로 간주되므로 무정형 또는 경계인으로서의 정체성 갈등이 나타날 가능성이 상존하는 것이다.

따라서 외국인 노동자들의 기본적인 요구는 보다 안정된 제도 속에서 장기간 혹은 영주하거나 시민권을 확보하는 것이다. 추방 이외의 자발적인 귀국의 희망에 기초한 정책은 매우 비현실적이다. 게다가 그것은 보다 확장된 사회를 소외와 갈등, 폭력으로 나

---

017 킴리카(Kymlicka)는 왈저(Walzer)의 용어를 인용하면서 이들을 메틱(metics)이라 부른다. 메틱이란 고대 그리스에서 연유하는 것으로 도시(polis)에서 배제되었음에도 불구하고 장기로 거주하고 있는 사람들(resident aliens)이다. 여기서는 우리나라의 외국인 노동자들의 지위성을 표상하는 용어로 이해한다.

아가게 할 수 있다. 이런 것들을 피하기 위해 서구민주주의 국가들은 심지어 비이민국가라고 하더라도, 불법 이민자들에 대한 사면 프로그램을 채택하고, 외국인 노동자들과 그들의 자녀들에게 시민권을 부여하는 것이 점진적인 추세이다.[018] 이것은 실질적으로 유용할뿐더러 자유민주주의 이념에 적합하고 도덕적으로 요구되는 것이다(Kymlicka, 장동진 외 역, 2008: 496). 자유로운 이주를 허용하여 시민과 이방인의 경계를 허물거나 완화하는 것이 자유민주주의 헌정체제의 기본 원리와 일치하는 방향으로 볼 수 있다. 이런 관점에서 본 장에서는 외국인 노동자를 다문화 소수자의 전형으로 보고, 이들의 이주 정체성을 이방인으로서의 정체성과 시민으로서의 정체성으로 다룬 다문화사회의 이론적 관점들을 비판적으로 검토하여, 종족과 시민을 논리적 정합성의 토대 위에서 인정하는 대안적 관점으로서 글로벌 정의 원칙을 시론적 차원에서 검토하기로 한다.

II. 다문화 소수자의 정체성

문화는 사회발생과 개체발생을 연속적으로 거치면서 다양한 정체성을 생산해낸다. 사회 역사적 공간 속에서 존재하는 개인은 문

---

018 우리나라에서도 글로벌화의 결과로 나타난 다문화사회의 도래에 따라 임시 체류자로서 인식되었던 외국인 이주자들을 한국 시민사회의 구성원들 중 일부로 인정하는 경향이 점증하고 있다(남호엽, 2010: 13 참조).

화 정체성을 기반으로 일상 세계에서 구사되는 언어와 규범을 익히고 생활하는 것이다. 정체성은 인간으로서의 자존감이며, 시민으로서의 자기 인식의 기본 토대가 된다. 따라서 문화 정체성의 인정은 가장 기본적인 개체성과 집단성의 인정을 의미한다. 정체성은 변화하지만 해체되지는 않으며 유지되는 속성이 강하다. 많은 경우 확연히 눈으로 구별되는 문화적인 종족집단 구성원들이 그들 종족 가정과 공동체에 대해 느끼는 유대감은 강고하며 중요하다. 이러한 유대감은 그들에게 집단 정체성, 문화적인 동족의식, 심리적 지지를 제공한다. 이들 종족집단 구성원들이 모두가 공유하는 [주류다수] 문화와 자신들 고유의 [소수종족]019 문화 및 공동체에 참여할 기회와 기능을 부여받게 되면, 그들은 자신들의 개인적, 시민적 요구가 충족되고 성장하고 번영할 수 있는 최상의 기회를 얻게 되며, 국가 시민문화에 공헌할 수 있게 된다(Banks, 김용신·김형기 역, 2009: 92). 이러한 정체성의 다양성과 의미에 대하여 매킨타이어(MacIntyre)는 다음과 같이 말한다.

> 우리들은 사회적 정체성의 소유자로서 환경에 접하고 있다. 나는 어떤 사람의 아들이며 딸이고, 어떤 사람의 사촌이며 아저씨이다. 나는 이 도시 혹은 저 도시의 시민이며, 이런저런 조합이나 직종의 구성원이다. 나는 이 종족, 저 씨족, 이 국가에 속해 있다. 그러므로 나에게 좋은 것은 이러한 역할들에 깃들어 있는 것에도 좋은 것이다. 그러므로 나는 나의 가족, 도시, 종족, 국가, 다양한 은혜, 유산, 정당한 기대, 의무 등을 승계한다. 이것들이 주어진 생활을 구성하며, 나의 도덕적 출발점이다(MacIntyre, 1981: 204~205).

019 [ ] 부분은 필자가 논지 전개의 필요에 따라 인용문을 수정한 것을 의미한다.

정치 공동체 구성원의 개별성과 총체성을 모두 함의하는 토대가 되는 것으로 정체성을 해석할 수 있다. 이런 점에서 다문화사회 거주자들의 정체성이 다중적인 것은 자연스런 현상이다. 본질적으로 혼종성(hybridity)을 띨 수밖에 없는 이주 소수자와 종족집단들은 정체성의 인정을 요구하며, 이를 바탕으로 시민으로서의 자격을 취득하려는 속성을 드러낸다. 다문화화가 진행되면서 과거의 정상적 시민(normal citizen) 모델에서 소외되었던 집단들은 이들이 단순히 인종, 문화, 성, 능력 또는 성적 취향이 차이가 난다고 해서 침묵해야 한다거나, 주변적 존재로 취급되거나 또는 비정상적 존재로 규정되는 것을 결코 받아들이려 하지 않는다. 이들은 좀 더 포용적인 시민 개념을 요구하고 나선다. 이 포용적 시민 개념은 이들의 정체성을 인정하고, 이들의 차이를 수용한다(Kymlicka, 장동진 외 역, 2008: 456). 다문화 속 소수자로서 외국인 노동자들도 문화 정체성의 인정과 포용적 시민 개념을 요구하고 있으며, 이것은 생존과 인권의 차원에서 정당화될 수 있을뿐더러 국가 공동체 차원에서도 가치 있는 일이다.

그것이 누구든지 개인에게는 다중 정체성을 가질 수 있는 능력이 있음을 인정해야 한다. 강력한 국가적 충성심을 발현시키기 위해서 개인을 그들의 문화, 이웃, 공동체로부터 고립시킬 필요는 없다. 개인들은 국가문화에 대한 성찰적이고 긍정적인 정체성을 개발하기 이전에, 자신의 문화집단에 대해 긍정적이고 명료화됐으며 성찰적인 정체성을 가질 필요가 있다(Banks, 김용신·김형기 역, 2009: 201). 소수자의 문화 정체성이 개별적으로 집단적으로 인정되어야 국가와 공동체에 대한 관심과 연대 의식을 긍정적으로 형성할 수 있다는 논리가 성립된다. 소수자들이 정체성을 부인하거나 경시하는 공동체 속에서 차이로 인한 편견과 차별을 겪으며 이방인의 지위성이 영속화된다는 의식을 갖게 된다면 그 결과는 문화적 원심력의 극대화로 이어져 불필요한 사회적 갈등과 긴장 관계로 표출될 가능성이 큰 것이다.

여기서 문제가 되는 것은 다문화 정체성 간의 부정합 현상이다. 글로벌 시대의 다문화 정체성은 기본적으로 문화 정체성, 국가 정체성, 글로벌 정체성의 중층 구조로 이루어져 있다. 문화 정체성이란 개인의 지역, 종교, 사회계층, 종족 및 인종집단과 관련된 연대감과 정체성을 지칭하는 것이며, 국가 정체성은 개인의 국가 또는 국가문화에 대한 연대감을, 글로벌 정체성은 개인의 세계 공동체에 대한 연대감을 지칭하는 것이다(Banks, 김용신·김형기 역, 2009: 184). 이론적 전제대로 문화 정체성의 인정이 국가 정체성의 형성과 글로벌 정체성으로의 발전으로 전개된다 하더라도 시민으로서의 정체성과 인종이나 종족으로서의 정체성, 즉 이방인으로서의 정체성 사이의 간극은 여전히 존재한다. 다문화 소수자의 경우 이런 현상은 두드러지게 나타난다.

소수자로서 억눌린 많은 종족집단의 구성원들은 학교나 직장과 그들이 속한 종족 공동체에 효율적으로 참여하기 위해서 이중 문화적이 될 수밖에 없다. 다른 행동은 대개 두 가지 상황으로 나타난다. 직장에서 성공하기 위해서는 우월집단의 방식에 익숙해질 필요가 있다. 대부분의 학교는 우월집단의 사회를 반영하기 때문에 학생들은 학업에 성공하기 위해서 적응-[주류 다수자]처럼 행동하기-해야만 한다. 대조적으로 [주류사회]의 중산층 학생들은 대개 가족의 문화와 직장, 학교의 문화가 일치한다. 그래서 인생의 전 기간을 단일문화를 갖고 살 수 있게 된다. 다른 문화와 경합할 가능성은 거의 보이지 않는다(Gollnick & Chinn, 2006: 24). 사회적 약자로서의 다문화 소수자들은 다수자와는 달리 시민으로서의 정체성과 이방인으로서의 정체성 간의 갈등이라는 현실 세계의 질서 속에서 일상을 꾸려 나가야 한다.

이에 대하여는 인종 혹은 종족과 시민 정체성 모델의 관점에서 접근할 수 있다. 인종적 정체성 모델에서는 공통의 혈연관계와 문화가 강조되고 개인의 의지와는 상관없이 출생에 의해 소속이 운명적으로 결정된다는 점에서, 인종적 정체성이 강한 사람일수록 외국인에 대해 배타적이며 이민자들의 유입과 그들의 법적 권리 및 사회통합에 대해 부정적인 태도를 보일 것이 예상된다. 이와 대조적으로 시민적 정체성 모델의 경우에는 출생 여부보다는 해당 공동체의 법과 제도를 존중하고 공통의 시민문화를 받아들이고자 하는 자발적인 의지를 강조한다는 점에서, 강한 시민적 정체성이 반드시 이민자들의 유입과 그들의 사회통합에 대한 부정적인 태도로 연결되지는 않을 것이라는 예상이 가능하다(장승진, 2010: 108). 이런 논리를 다문화 소수자의 관점에서 재해석하면 인종적 정체성이 선행한다 할지라도 시민적 정체성을 습득·형성하게 되면 다수자나 다른 소수 이주자들에 대한 긍정적 태도와 사회적 연대감의 상승으로 연계된다고 볼 수 있다. 외국인 노동자들에게 시민으로서의 정체성을 인정하고 부여하는 것이 중요하다는 관점이다.

윤인진 외(2010)의 연구에 따르면 국민 정체성과 관련하여 한국인이 되는 조건으로 한국인으로 느끼는 것, 한국어를 할 수 있는 것, 한국 국적을 갖는 것과 같은 시민적 요인이 아버지나 어머니가 한국인이라는 것, 한국에서 출생한 것, 한국의 문화적 전통을 계승하는 것과 같은 종족적 요인보다 더욱 중요한 것으로 나타났다. 이런 결과는 한국인은 혈통적 정체성보다 시민적인 국민 정체성의 요인을 보다 중시하는 것으로 해석할 수 있다(윤인진 외, 2010: 81). 한국 사회의 다수자는 시민적 정체성 모델에 가까운 경향을 보인다는 경험연구이다. 외국인 노동자에 대한 시민적 정체성 부여가 포용의 논리에 의해 가능하며, 이들이 한국인으로서의 국민정체성을 형성할 가능성이 열려져 있다는 의미이다.

III. 다문화 이론과 글로벌 정의

국제연합(UN) 보고서에 의하면 세계 인구의 약 3%에 달하는 1억 8천 5백만 명의 이주자가 국가의 경계를 넘어서 거주하고 있다. 이주자들은 영구 정착자, 계약 근로자, 학생, 망명자, 글로벌 엘리트, 귀화자 등 다양한 형태를 띠고 존재한다. 이러한 이주의 원인에 대한 설명은 합리적 선택 모형과 구조주의 패러다임으로 가능하다.

합리적 선택 모형은 개별 이주자들이 원래 거주지를 떠나게 하는 원인을 빈곤이나 인구 증가와 같은 송출 요인(push factors)과 직업이나 높은 수준의 삶과 같은 유입 요인(pull factors)으로 나누어 설명한다. 이와는 대조적으로 구조주의 패러다임은 글로벌화된 노동 시장과 부유한 국가와 안정된 국가의 경제 규모로부터 이주가 발생하는 것으로 본다(Seglow, 2005: 317~318 참조). 주로 경제적 요인에 의하여 글로벌 디아스포라들이 발생한다는 설명으로 노동 환경과 생활 요인에 의한 이주자들이 대부분이라는 것이다.

일반적으로 이주자들에 대한 접근은 그들을 주류 정주사회의 이방인으로서 통합의 대상으로 보든 혹은 동등한 시민으로 인정하는가에 따라 동화주의와 다문화주의 입장이 대립한다. 그러나 이주자들에 대한 동화주의 접근은 필요하지도 않을뿐더러 정당화될 수도 없다는 것이 점진적으로 받아들여지고 있다. 자신들의 유산을 자랑스러워하는 이민자들이 자신들의 새로운 국가의 충성스럽고 생산적인 시민이 되기 힘들 것이라는 아무런 증거가 없기 때문에 그것은 불필요하다(Kymlicka, 장동진 외 역, 2008: 490). 또한 동화주의는 다문화 소수자들을 '대상'과 '그들'로 보기 때문에 주류사회의 자원과 기회구조로부터 배제되는 결과를 초래하여 사회구성원들 간의 갈등과 불평등이 심화되고 결국은 사회 안정과 통합을 저해하게 된다. 소수자에 대한 차별은 한편으로는 개인의 자기개발과 그로 인한 사회발전의 가능성을 저해하고, 또 다른 한편으로는 사회를 분열시키고 불안정하게 만드는 악영향을 끼칠(윤인진 외, 2010: 39) 가능성이 높다.

다문화주의는 이주 현상의 보편성과 불가피성을 인정하면서 이주를 통해 드러나는 문제를 더 적극적으로 고려하기 위한 시도로 볼 수 있다(오경석, 2007: 24~25). 다문화주의는 사회의 인종적·문화적 다양성을 설명하기 위한 용어이다. 사전적으로는 한 나라 안에서 여러 문화가 공존하는 것을 의미한다. 다문화주의는 1970년대 캐나다가 다문화주의 정책을 공식적으로 시행하면서부터 본격적으로 자리 잡기 시작했다. 다문화주의는 이후 북미, 유럽, 호주 등에서의 논의를 거쳐 이제는 전 지구적 현상의 하나로 간주되고 있다(김창근, 2009: 25). 우리나라에서도 다문화주의가 소수자의 정체성 인정의 논리로 도입되어 사용되고 있다. 문화적 다양성의 존중이라는 점에서는 문화다원주의와 일치하지만, 중심이 되는 문화를 인정하지 않고 모든 문화를 상대화하고 있는 다문화주의는 [종족]집단뿐만 아니라 여성, 장애인 등의 사회적 지위 향상의 문제에도 적용되고 있다(박남수, 2000: 103). 따라서 다문화주의는 자칫하면 문화의 경계를 강고한 것으로 간주하는 등 철저한 상대주의로 흐르면서 분리주의를 조장하거나 문화적 게토를 만들어내기도 한다. 그리고 때로는 소수집단 내부의 독재를 예찬하는 결과를 가져오기도 한다(한경구, 2008: 90).[020] 이러한 다문화주의가 지닌 문화 상대주의적 속성으로 인하여 전략적 구사 방식에 따라 다문화주의는 주류문화의 존재를 전제하고 그것에 동화되거

---

020 예를 들면, 여러 소수민족 문화에는 젠더 역할에 대한 차별이 존재하는데, 문화적 다양성을 보존하려고 이러한 차별적 관행을 방치하도록 허용해서는 안 된다는 것이다. 즉, 다문화주의가 인권 억압이나 여성 차별을 유지시키는 데 이용되어서는 안 된다는 비판이다(한경구, 2008: 115).

나 그것과 병행하는 수준일 수도 있고, 거기서 나아가 총체적인 변환을 꾀하는 것으로 문화 간 위계를 파괴해야 한다는 주장까지 포함하는 의미도 있다(전경옥, 2010: 43~44). 다문화 속 소수자로서 외국인 노동자의 종족 정체성 인정의 논리로 다문화주의가 적용될 수는 있으나 시민 정체성 인정의 논리로 활용되기에는 너무나 탄력적 성격을 띠고 있는 것이 현실이다.

이러한 동화주의와 다문화주의의 문제점에 대한 대안적 관점으로 킴리카(Kymlicka)는 자유주의적 다문화주의를 제시한다. 자유주의적 문화주의자(liberal culturalist)들은 개인의 자율성이 문화와 연계되어 있고, 문화와 정체성에 관련된 강력한 이익이 존재하며, 문화와 정체성의 문제는 자유와 평등이라는 자유주의 원칙에 완전히 부합하며, 소수자에 대한 특별한 권리 부여를 정당화할 수 있다고 본다(Kymlicka, 장동진 외 역, 2008: 471). 이론적으로는 종족과 시민 정체성을 동시에 추구할 수 있는 논점의 제시이다. 그러나 킴리카의 우려대로 다문화 소수자로 구성된 종족집단들 중 비자유주의적 집단은 자신들의 구성원의 자유를 제한할 수 있는 권리를 요구할 수도 있다. 그리고 심지어 소수자 집단이 일반적으로 자유민주적 가치를 수용할 때조차도, 여전히 자유적 평등과 상충되는 오래 지속된 특별한 전통 또는 관습이 존재하는 경우도 있다. 따라서 자유주의적 다문화주의 옹호자들이 직면하는 중요한 과제는 개인적 권리의 제한을 포함하는 나쁜 소수자 권리와 개인적 권리의 보완으로 간주될 수 있는 좋은 소수자 권리를 구분해 내는 일이다(Kymlicka, 장동진 외 역, 2008: 472). 여전히 종족과 시민 정체성 간의 부정합이 해결되어야 할 현실적 과제로 남는 것이다. 다문화 소수자에게 있어 종족의 문화 정체성은 강고하며 유지된다는 전제 아래 시민으로서의 인정의 논리가 검토되고 실행되어야 좋은 소수자의 권리가 자유민주주의 헌정체제에서 합당하게 구현될 수 있을 것이다.

본질적으로 다문화 소수자들의 정체성 관련 논의는 글로벌 이주의 문제와 연계된다. 국내사회와 마찬가지로 국제사회에서도 글로벌 차원의 이주의 자유가 합법적으로 용인되고, 이에 따라 사회적 안전망의 구축을 담보하는 이론적 관점에 대한 탐색이 있어야 할 것으로 본다. 우리나라는 가시적이고 의도적 형태의 이주에 의한 다문화 상황이 진행되고 있으므로 현실적으로 공간 한정적인 정치 공동체를 상정하는 동화주의와 다문화주의, 또는 자유주의적 다문화주의 담론 체계만으로는 이주 소수자들과 종족집단의 정체성에 대한 이론적 조망이 충분하지 못하다.[021] 포용 차원에서 이주의 자유를 허용하고 자연스럽게 종족과 시민적 정체성을 인정할 것을 주장하는 이론적 개념으로서는 글로벌 정의(global justice)가 있다.

글로벌 정의는 글로벌리스트(globalist) 또는 세계주의자(cosmopolitan)들의 개념이다.[022] 이들은 지구적 수준에서 모든 사람들이 적

---

[021] 김용신(2010)은 다문화주의 이론이 민주주의 헌정체제가 지향하는 형평성의 원리에 따라 실질적으로 정교하게 구현되면 다수자와 소수자의 정체성 간 소통과 균형이 이루어질 수 있다고 본다. 그러나 이것이 가능하다 하더라도 다문화주의 혹은 자유주의적 다문화주의는 소수자의 종족-시민 정체성 차원의 부정합 현상을 해결하는 논리를 충분히 제공해 주지는 못한다.

[022] 글로벌 정의의 실현을 위해서는 세계정부 또는 세계국가의 성립이 필요하다는 것은 글로벌리즘에 관한 대표적인 오개념이다. 세계주의자(cosmopolitan)들은 개인의 기본

정 수준의 삶(decent life)을 영위할 권리가 있다고 주장한다. 적정 수준의 삶은 동료 시민들을 포함한 다른 시민들과 함께 하는 자유, 자원, 기회, 관계의 설정을 필요로 한다. 이것은 어떤 사람의 생활이 다른 사람의 생활에 비하여 적정 수준에 이르지 못하는 것은 자원이나 기회 등의 편중에 기인하는 것으로 해석하는 비교 아이디어이다. 그러므로 빈곤 국가에 살고 있는 사람들의 적정 수준의 삶에 대한 권리를 보장하기 위해서는 부유한 국가의 사람들이 우월하게 누리고 있는 자원이나 기회를 재분배하는 것이 필요하며, 글로벌 재분배 정의가 경계를 넘어 실현되어야 한다(Seglow, 2005: 329). 요컨대 글로벌 정의의 주요 논점은 각각의 개인이 국가 주권의 경계를 넘어 생존과 [생활]을 위한 기본권을 가져야 한다고 요약할 수 있다(Caney, 2001: 115).023 물론 이주에 의한 이방인을 수용하거나 배척하는 권력은 정치 공동체의 전수되어 온 고유 주권이다. 모든 국가는 국익을 추구하기 위해 힘을 행사할 수 있는 도덕적이고 법적인 권리가 있다. 이것은 평화적이고 수요가 있는 외국인의 입국을 거부할 권리에도 해당된다. 국가는 이주자들의 수용에 관대할 수 있으나 그렇게 해야 할 의무는 없다. 그러나 이러한 견해는 도전받고 있다. 경계는 개방되어야 하며, 사

적 인권보장과 최소 생활보장과 같은 글로벌 정의 요소들을 증진시키기 위한 급진적인 제도적 전환에 반대한다. 그들은 세계정부는 아니지만 다양한 제도와 기구를 포함하는 글로벌 거버넌스를 형성하여 글로벌 수준의 정의를 추구한다.

023 글로벌 정의(global justice)에 관한 논의가 주로 글로벌 분배 정의와 관련되어 진행되어 왔으나 글로벌 정의의 영역은 자원의 동등한 분배, 기본적 사회 보장의 성취, 글로벌 기회의 동등성, 인권의 보편적 증진, 상호 동등성의 관계를 전제로 한 개인의 자율성 증진, 군사적 개입을 포함한 국가별 사안에 대한 공조 등 다양하다(Brock, 2009: 10). 여기서는 외국인 노동자의 이주의 자유에 대한 정당화 논리를 중심으로 글로벌 정의 관련 이론적 관점들을 살펴보기로 한다.

람들은 본국을 떠나 다른 나라에 정착할 수 있는 자유를 가져야 한다. 제3세계 국가의 사람들이 제1세계의 국가로 이주할 수 있어야 한다. 서구 자유민주주의 국가의 시민권은 어떤 사람이 우연에 의해 수여받은 지위라는 점에서 현대판 봉건적 특권으로 규정할 수 있다. 봉건제적 신분의 특권과 같은 제한된 시민권은 성찰해 보면 정당화되기 어렵다(Carens, 1987: 251~252). 이와 같은 개념의 글로벌 정의에 관한 논의가 가능한 것은 글로벌화의 급격한 진행에 따라 개체성과 총체성의 즉시적 호환이 가능한 정보사회의 등장으로 국가 간 경계를 초월할 수 있기 때문이다. 글로벌 이주로 인한 다문화 소수자의 현실적인 다수 발생은 다문화 이론에의 글로벌 정의 논점의 개입과 또 다른 관점으로의 수정을 허용하는 것이다.

8. 자유주의적 세계주의

I. 최소 기준의 충족 원칙

　글로벌 다문화사회의 도래에 따라 세계는 개별국가의 주권보다 개별시민들의 개인권으로 중심이동이 진행되고 있는 새로운 생활공간으로 전환되어 가고 있다. 따라서 국가의 주권이라는 명분 아래 각종 문화적 관행이나 관습, 심지어는 비인간적이고 인권유린적인 것까지도 관용되는 시대는 지나가고 있다. 적어도 원리상으로는 인권유린적인 비인간적 상황이 전개될 경우 세계정신은 국가주권까지 침해하고 간섭할 수 있는 명분이 있음을 세계시민의 양심과 합의로 생각하게 하는 것이다(황경식, 1999: 13~14). 글로벌리즘의 관점에서 세계시민 모두의 인권과 인간적 삶이 보장된다는 관점이 정립되어 나갈 수 있는 것이다. 여기서는 글로벌 정의의 지향으로서 이주의 자유에 근거한 이방인[외국인 노동자]의 시민으로서의 정체성 인정 논리를 자유주의적 세계주의의 입장에서 글로벌 기회균등과 차등 원칙, 최소 기준의 충족 원칙으로 규명하기로 한다.

세계주의자(cosmopolitan)들은 인간이 도덕적으로 동등한 존재라는 것과 경계를 넘어서는 상호 책무성에 주목한다. 그들은 롤스(Rawls)의 정의의 원칙으로부터 확장 도출된 글로벌 차등 원칙과 글로벌 기회균등 원칙의 세계적 적용 가능성을 검토한다. 롤스의 정의론(TH)은 이주가 발생하지 않는 폐쇄 체계를 가정한다. 그러나 정의의 원칙이 도출되는 원초적 입장(original position)의 논리는 주어진 사회 내부의 정의에 관한 논의에 유용하면서 동시에 다른 사회들 간의 정의에 관한 논의에도 유용하다. 사람들은 자신이 처한 상황에 대해 모르는 무지의 베일 속에서 정의의 원칙에 도달하게 된다. 개인은 부유한 국가의 시민 또는 가난한 국가의 시민일 수 있으며, 이미 국가의 시민 또는 시민이 되고 싶은 이방인일 수도 있다는 점에서 일종의 불평등을 유발하는 구체적인 우연성에 처할 수 있다. 그러므로 정의의 원칙을 선택하기 위한 공정한 절차는 우연적 환경에 대한 지식을 배제하며, 이것은 어떤 개인의 인종, 성, 사회 계층에 대한 지식을 고려하지 않는다는 것을 뜻한다. 여기서 국가 내부가 아닌 글로벌 원초적 입장의 관점이 생성되는 것이다(Carens, 1987: 255~256).

같은 맥락에서 묄렌도르프(Moellendorf)는 세계를 구성하는 국가의 대표자 모임을 상정한다. 대표자들은 출신 국가의 성격과 구성원, 영토, 인구 규모, 그들이 대표하는 시민들의 자연적이고 사회적인 특성에 대해 모르는 상황에서, 공평한 협력 체계의 좋은 삶을 추구하는 사람들의 자유와 능력에 관심을 가진다. 그들은 글로벌 차원의 원초적 입장에서 출신 국가의 능력과 자연적 성격을 알지 못한 상태이므로 모두에게 유익한 집합적인 능력과 재능을 고려하게 되며, 따라서 최소 수혜자에게 최대 이득이 되는 관점에서 분배의 불평등을 수용하는 차등 원칙을 선택하게 된다(Moellendorf, 2002: 80). 글로벌 차등 원칙은 롤스의 정의의 원칙 도출 절차와 유사한 과정을 거쳐 글로벌 차원에서 성립되는 것이다.

이러한 글로벌 차등 원칙은 현실 세계에서 공공질서(public order)에 실질적인 위협이 되는 상황에 의해 제한될 수 있다. 국가 안보에 영향을 주는 침략적 이주 혹은 자유민주주의의 가치가 약하거나 없는 사회로부터의 이주는 공공질서에 위협이 될 수 있다. 국제적인 불평등이 상존하는 글로벌 현실에서 미국과 같은 부유한 나라가 문호를 개방한다면 대다수의 가난한 국가의 사람들이 과도하게 이주를 추구하게 된다. 이 경우에 비록 이주의 목적이 국가 안보나 자유민주주의의 가치를 위협하는 것이 아닐지라도 이주에 대한 일정한 제한이 공공질서 원칙에 의해 정당화될 수 있다. 그러나 여기서 조심해야 할 것은 특별히 이주의 제한이 요구된다 하더라도 그것이 어떤 수준에서 이루어지는지 또는 어떤 다른 이유에서 제한되는지에 따라 정당화 여부가 결정된다는 점이다. 제한은 단지 공공질서를 유지하는 데 필수적인 수준에 그쳐야 한다(Carens, 1987: 260).

　자유주의적 정의의 관점에서 어떤 사람이 주어진 사회 내부에서 자유롭게 이주할 수 있는 권리를 가지는 것이 중요한 자유인 것처럼 글로벌 정의의 관점에서 국가의 경계를 넘는 이주도 중요한 자유다. 무지의 베일 뒤에서 자유에 대한 제한이 가능한 것은 그 제한에 의해서 가장 불리한 위치에 처하는 사람의 입장을 채택하는 경우다. 이때 가장 불리한 위치에 있는 사람의 입장이란 이주를 원하는 이방인의 관점에 서는 것과 같다. 그러므로 원초적 입장에서 어떤 사람은 거주지에서 종교적 자유에 대한 권리를 주장하는 것과 동일한 이유로 기본적 자유 체계에 포함되기 위해 이주할 권리를 주장할 수 있다. 물론 무지의 베일이 걷히면 권리를 행사하지 않을지도 모른다. 하지만 그것은 다른 권리와 자유에도 마찬가지로 해당된다. 따라서 원초적 입장에서 사람들 사이에 맺은 기본적 합의는 이주에 대한 제한을 허용하지 않는 것이다(Carens, 1987: 258). 이처럼 자유주의적 세계주의(liberal cosmopolitanism)의 글로벌 정의 원칙에 따르면 이방인의 이주는 정당한 것이며, 그것은 글로벌 차원의 최소 수혜자의 입장과 자유의 우선성 규칙에 의해 지지된다. 최소 수혜자로서 현존하는 시민의 지위가 인정되기 위해서는 그들이 누리는 경제적 복지 수준이 이주가 허용되지 않았을 때 잠재적인 이주자들이 누리는 수준보다 아래에 있어야 한다. 또한 이것이 인정된다 할지라도 자유의 우선성에 의해 이주의 제한은 원칙적으로 정당화될 수 없다. 따라서 확장된 형태의 글로벌 정의 원칙은 이주의 자유를 명백히 보장하는 논리를 전개하며 이것은 이방인의 동등한 시민으로서의 정체성 인정 논리로 전환될 수 있다.

이것은 글로벌 기회균등의 원칙을 도입하면 더욱 명료해진다. 일반적으로 국가수준의 기회균등은 두 가지로 해석된다. 순수하게 형식적인 기회균등 개념은 어떤 사람이 지위의 분배에 있어서 인종이나 신념과 같은 문화 정체성에 의해 불이익을 받으면 안 된다는 것이다. 이것은 좋은 자원 배분 관련 정의이기는 하지만 사람들이 지위[자격, 재산]를 획득하는 사회경제적인 맥락을 고려하지 못한다. 예를 들면, 부유하지 않게 태어난 사람들은 교육 자원에 접근할 기회가 부족하거나 봉쇄된다는 문제점을 경시하는 것이다. 이런 이유로 좀 더 실질적인 기회균등 개념으로 자원의 분배가 사람들이 인종이나 계층에 의해서 불이익을 당하지 않도록 이루어져야 한다는 정의가 주장되었다. 글로벌 수준에서 적용되는 기회균등은 후자의 정의이다. 글로벌 기회균등은 사람들이 속한 국가나 계층, 종교, 종족 집단과는 상관없이 지위를 얻을 동등한 기회를 가져야 한다는 것으로 규정할 수 있다.

이러한 의미의 글로벌 기회균등은 어떤 사람이 문화 정체성으로 인하여 불리한 기회를 부여받는다면 불공정하다는 깊은 확신으로부터 실현된다. 특정 개인이 계층, 사회적 지위, 종족성 때문에 삶의 불이익을 받는다면 공정하지 못하다. 이것은 어떤 국민(people)이 국적이나 시민 정체성으로 인하여 기회의 불평등을 겪어서는 안 된다는 것이다. 우리가 어떤 사람의 타고난 출신에 따라 불평등하게 기회를 배분하는 귀족정이나 중세의 봉건정, 또는 인종주의 체제에 반대한다면, 어떤 사람의 국적에 따라 기회를 동등하지 않게 배분하는 국제사회의 질서에도 반대해야 한다. 국내에서 통용되는 기회균등의 논리는 글로벌 기회균등에도 그대로 적용되는 것이어야 한다(Caney, 2001: 115). 글로벌 정의 원칙을 글로벌 기회균등의 관점에서 보면 이주로 인한 다문화 소수자-외국인 노동자-의 종족 정체성과 시민 정체성은 그대로 인정되는 것이 정당하며, 이방인으로서의 지위성과 시민으로서의 지위성의 차별적 구조는 합당하지 못한 것으로 판명된다.

이러한 자유주의적 세계주의의 관점을 원용하면서 좀 더 구체적이며 실용적인 대안적 글로벌 정의 원칙을 브록(Brock)이 제시한다. 그는 세계주의자들이 주장하는 차등 원칙의 확장 논리에 동의하면서 이에 적용된 롤스의 원초적 입장의 가설적 불명확성과 최소 수혜자에게 최대 이득이라는 결론에 대해서는 다른 견해를 도출해 낸다. 글로벌 정의의 원칙을 정하기 위한 글로벌 회의의 참석자는 선출된 대표자가 아니라 무작위로 선정된 대리인(delegate)들이다. 그들은 동맹국에 대해서는 모르지만 출신국의 일반적인 성격과 국제사회의 다양한 현실 문제들에 대해서 접근 가능하다. 평화와 안전의 위협 요인, 테러와 무기, 환경, 보건 등 인류사회의 문제를 해결하기 위해서는 글로벌 협력이 필요하다는 것을 알게 되며, 사람들이 상호의존과 상호취약성의 상태에 있다는 것도 인식한다. 따라서 글로벌 회의의 주요 논제는 평화, 안전, 복지를 보장하는 세계 주민(world inhabitant)들의 공정한 동의가 가능한 기본 질서 체계에 관한 것이다. 대리인들은 적정 수준의 생활을 기대하게 해주는 동등한 기본적 자유와 위험으로부터의 방어적 보장을 원하게 되며, 결국 강제와 구속으로부터의 자유, 결사와 언론의 자유, 생존에 필요한 최소의 기본 생활 보장이 국가 간 협력을 의미하는 연합 주권(joint sovereignty)에 의하여 선택된다. 롤스 스타일의 글로벌 차등 원칙을 대체하는 최소 기준 충족 원칙(Needs-Based Minimum Floor Principle)이 성립되는 것이다 (Brock, 2005: 4~9). 여기서 최소 기준의 의미는 중첩적 성격을 가진다. 기본 수준의 생활 보장(Minimum Floor)을 전제로 욕구 충족(Needs Based)이 가능한 글로벌 정의의 원칙을 함의하는 것이다.

브록의 최소 기준 충족 원칙은 세계 주민들이 알 수 있는 현실 세계의 상황에서 도출된 것이며, 형평성에 기초한 개인들의 기본적 생활 보장과 자유에 기초한 개인들의 자발적 욕구 충족을 겨냥했다는 점에서 유용성을 갖고 있다. 여기서 말하는 최소 기준이란 각각의 동등한 시민이 글로벌 차원의 정의 개념에 의해 결정되어지는 글로벌 부의 공유 의무를 수용하는 세계 시민이라는 관점과 직접적으로 연계된 글로벌 공동체의 관점으로부터 생성되는 것이다(Hinsch, 2001: 59). 따라서 이방인과 시민의 구별은 커다란 의미가 없으며 도구적 의미의 국가의 경계를 넘나들면서 기본적인 생활과 욕구 충족이 가능한 이주자들의 자유로운 선택이 가능해진다. 결국 브록의 최소 기준 충족 원칙은 약화된 의미의 국가체제를 유지하면서 연합된 형태의 글로벌 공동체의 수용과 글로벌 시민의 구현 가능성을 고려한 글로벌 정의 관점으로 여겨진다.

II. 자유주의적 세계주의의 함의

글로벌 시대의 이주는 보편적이며 필연적인 현상이다. 한국 사회에도 이주에 의한 가시적 형태의 다문화 소수자들이 세계적 수준의 디아스포라 비율에 필적하게 나타나고 있다. 다문화 소수자들의 가장 커다란 문제는 경계 혼종자라는 지위성으로 인하여 겪게 되는 이방인과 시민으로서의 정체성의 부정합이다. 이들은 강고한 종족적 문화 정체성을 소유한 채로 시민으로서의 정체성을 인정받기를 원하면서도 그러지 못하고 있는 것이 현실이다. 언제든지 정체성 사이의 간극이 사회적 갈등 양상으로 번질 가능성이 상존하는 것이다. 이 글은 다문화 속 소수자의 전형으로서 이중적 차별에 처하고 있다고 판단되는 외국인 노동자를 소재로 이방인과 시민 정체성의 정합성을 자유주의적 세계주의로부터 도출되는 글로벌 정의 관점에서 모색하려는 시도이다.

보편적으로 다문화사회의 정체성은 문화, 국가, 글로벌 차원의 다층 구조로 해석된다. 개인은 자존감의 원천이며 심리적 지지 기제로 작동하는 문화 정체성을 토대로 국가 정체성을 형성하며, 글로벌 차원의 정체성으로 나아갈 수 있다. 이주 소수자의 경우에는 이런 경향이 더욱 강하여 종족집단의 정체성이라는 문화 렌즈를 통하여 국가와 세계를 조망하려 한다. 이주의 시대의 국가사회의 통합과 연대는 문화 정체성의 인정과 긴밀한 접속 관계를 가질 수밖에 없는 것이다. 중요한 점은 문화, 국가, 글로벌 정체성 간의 균형에 도달하더라도 여전히 종족과 시민 정체성 간의 부정합이 존재한다는 사실이다. 이것은 이방인과 시민의 정체성을 다루는 동화주의와 다문화주의, 또는 자유주의적 다문화주의 관점으로는 해결하기 어려운 과제이다.

동화주의는 종족집단의 국가시민으로의 통합과 융합을 전제하므로 다문화 소수자들의 문화 정체성을 부인하거나 경시하는 경향으로 나타난다. 다문화주의는 종족집단의 정체성을 적극적으로 인정하여 다문화 소수자들의 시민으로서의 지위성을 보장하려는 주장을 펼치고 있으나 본질적으로 문화상대주의적인 입장을 고수하는 관점이므로 정책적 활용 전략으로 탄력적으로 구사되거나 소수집단 내의 소수자들에 대한 시민적 정체성의 보장에 소홀할 수 있다는 문제점을 노정한다. 이것은 자유주의적 다문화주의자들의 정체성 인정 논리에도 그대로 나타나는 다문화 이론의 과제이다. 이에 비하여 자유주의적 세계주의는 글로벌 이주의 자유에 직접적으로 접근하여 이방인과 시민의 혼종성을 자연스럽게 인정하고 해결해 낸다.

자유주의적 세계주의의 기본 아이디어는 모든 사람이 궁극적인 도덕적 배려의 단위로서 글로벌 지위를 갖고 있으며, 따라서 어떤 시민권을 갖고 있든지 또는 다른 우연적 결합에 속해 있든지 동등하게 존중되어야 할 자격을 갖고 있다는 것이다. 자유주의의 정의 생성 논리와 절차를 원용하여 성립되고 정당화되는 글로벌 정의는 글로벌 차등 원칙과 글로벌 기회균등 원칙으로 나타난다. 글로벌 차원의 최소 수혜자로서 이방인은 다문화 속 소수자로서 외국인 노동자를 지칭하는 것으로 볼 수 있으며, 이들은 어떤 국가의 어떤 종족 출신이든지 상관없이 이주의 자유를 통해 최대 이득을 추구할 수 있다는 점에서 글로벌 정의 관점에 합당하다. 또한 글로벌 기회균등 원칙에 의하여 문화나 국적으로 인한 차별은 용인되지 않으며, 종족으로서의 정체성을 유지한 채로 시민으로서의 동등한 정체성을 글로벌 차원에서 인정받게 된다. 이러한 글로벌 정의 관점의 현실화 가능성을 연합 주권의 설정에 근거한 세계 시민의 최소 기준의 충족 원칙이 제시하고 있다. 이것은 도구적 의미의 국가 주권을 지속시키면서 시민과 이방인의 경계를 실질적으로 해체하려는 이론적 시도로 볼 수 있다.

9. 글로벌 이주와 제노포비아

Ⅰ. 이주자에 대한 두려움

글로벌 다문화화에 따른 이주의 일상화와 문화 다양성의 증가는 민주주의 정치사회의 구조적 안정성과 연계되어 여러 차원의 사회 문제를 유발할 수 있다. 기존의 정주사회(major society)의 다수자 입장에서 볼 때 이방인으로 여겨지는 외국인 이주자들의 가시적 등장은 소수종족에 대한 일정한 성향을 갖게 한다. 긍정과 부정으로 이루어진 성향의 스펙트럼에서 소수종족 이주자에 대한 다수자의 태도는 관용, 방어, 순수, 혐오의 형태로 집단화되어 나타난다.

관용형(tolerant people)은 소수종족에 대한 적대감이 없고 이주에 반대하는 정부의 정책을 지지하지 않으며, 방어형(protectors)은 소수종족의 이주 억제에 찬성하지만 이미 이주해 있는 소수자들의 퇴거에 반대하며 적대감을 표출하지 않고, 순수형(ethnopurists)은 소수종족집단 출신의 이주자 제거를 위한 모든 수단을 승인하면서도 이주자에 대한 적대감이 없다고 확언하며, 혐오형(xenophobes)은 소수 이주자에 대한 적대감을 표출하면서 이주자 반대를 위한 적극적 행동을 승인하고 실천하는 사람들이다(Bavin, 2007: 59~60 참조). 여기서 현실적으로 가장 문제가 되는 것은 혐오형이다.

외국인 이주자와 관련된 혐오는 이분적 사고(binary thinking)로부터 비롯된다. 바우만(Bauman, 2000)은 강고한 형태의 '우리/그들'의 이분적 사고는 불확실한 것에 대한 두려움으로 전이되고, 국가 혹은 종족집단의 공유된 정체성을 증가시킨다고 말한다. 동질성을 효율적으로 강화하기 위해서는 차이를 제거하기 위한 노력을 더해야 하고, 그럴수록 이방인을 만나면 더욱 불안정하게 되며, 차이에 대한 두려움은 더 강화되면서 연쇄적으로 이어져 걱정과 불안은 강렬해지는 것이다(p.106). 따라서 어떤 것에 대한 비이성적 두려움을 의미하는 포비아(phobia)에 도달하여(Jones, 2011: 35) 이방인에 대한 사회적, 구조적, 이념적 차원의 비이성적인 차별 현상인 제노포비아(xenophobia)를 생성시키게 된다.

소수자로서의 외국인 이주자들이 고유한 문화 정체성을 부인당하거나 경시되는 공동체 속에서 언어, 피부색, 종교, 관습 등의 차이로 인한 편견과 차별을 겪으며 이방인이라는 지위성이 영속화된다는 의식을 갖게 된다면, 그 결과는 문화적 원심력의 극대화로 이어져 불필요한 사회적 갈등과 긴장 관계로 표출될 가능성이 커질 것이다(김용신, 2011: 19). 대체로 한국인의 외국인 소수자에 대한 태도는 관용적인 경향이 강하나 유럽처럼 외국인의 규모가 급격히 증가하고, 이들이 내국인과 경제적으로 경쟁하고, 한국의 사회문화에 순응하고 동화하려고 하지 않을 때 외국인에 대한 태도와 행동은 급격하게 부정적이고 공격적으로 변화될 수 있다(윤인진 외, 2010: 82).

행정안전부(2012) 통계에 따르면 국내 체류 외국인 주민이 약 141만 명에 달하여 우리나라 총인구의 2.8%에 해당하는 규모에 이르고 있으며, 2008년 약 89만 명이던 외국인 이주자들이[024] 5년 사이에 약 52만 명이 늘어나 연간 11.7%가량 증가하는 추세를 나타내고 있다. 이런 경향이 지속된다면 향후 5년 이내에 인구의 5%를 넘어서는 외국인 이주자가 국내에 거주할 가능성이 높다. 소수종족집단은 더 많이 형성될 것이며 광범위하게 분포되고 조직화되어 시민과 이방인의 문화 혼종화 과정이 심화 확대되어 진행될 것이다.

이러한 다문화사회에서 시민권이 없는 이주자에 대한 구조적 배제와 주류사회의 위기의식의 혼재 양상은 사회문화적으로 도덕적 상태의 개인들을 충동하여 민주주의 기본논리와 일치하지 않는 차별적 행동화의 단계로 진입하게 만든다. 특히 빈곤노동계층 사람들의 경제적 기회를 박탈하는 것으로 여겨지는 이주자의 침범 의식의 형성은 남아프리카공화국을 비롯한 프랑스, 미국 등 어느

---

024 외국인 이주자에는 외국인 근로자, 결혼 이민자, 유학생, 외국국적동포, 혼인귀화자, 외국인 주민자녀 등이 포함된다.

나라에서나 볼 수 있는 일반적 현상이다(Amisi, et al. 2011: 61). 제노포비아로 지칭되는 사회적 편견과 차별 현상의 틀은 장기간에 걸친 경제적 박탈감의 누적과 맞물려 있고, 이주가 일상화된 글로벌사회에서 민주주의 헌정체제의 구성원들에게 보장되어야 하는 적정 수준의 삶(decent life)을 위협하는 구조적인 현상이다.

본 장은 글로벌 다문화사회로 진입한 한국 사회에서 파편화 혹은 조직화되어 등장하고 있는 이주자에 대한 혐오로서 제노포비아의 초기 현상에 주목하여 제노포비아의 성향을 통한 정의와 형성 사례를 내러티브 유형으로 검토하고, 제노포비아의 문제점을 해결할 수 있는 논리를 민주주의 담론에서의 시민의 확장이라는 측면에서 조망하여, '다수로부터의 하나'라는 민주적 헌정체제의 신조 가치를 포용의 관점에서 재해석함으로써 제시하는 것에 주안점을 둔다.

II. 제노포비아의 내러티브 유형

인간은 일상적으로 낯선 것이나 다른 것에 대해 경계심을 갖고 있다. 국내외를 막론하고 어떤 형태로든 공간과 장소의 이동은 일어나게 마련이며, 기존의 정주사회에 이질감을 불어넣어 변화나 혼재에 대한 태도나 가치를 형성하게 한다. 문화적인 유대감을 의미하는 종족 혹은 민족이라는 동질성과 정치적인 소속감을 뜻하는 시민이라는 지위성이 일치하는 국민국가에서의 이동은 융화 형태의 결합으로 전이하기 쉬운 환경으로 구성되어 있다. 그러나 이방인으로 구별될 수 있는 다른 인종, 종족, 언어, 종교, 국적의 형태를 갖춘 이동은 정체성의 차원에서 이미 상대화된 다양성을 확보하고 있기 때문에 서로 다르다는 인식을 쉽게 형성하여 상호 경계의 환경을 설정한다.

다문화사회는 글로벌 이동이나 교류에 의해 다양한 정체성이 머무는 같은 공간이다. 서로 다른 정체성 간의 접속이 언제나 일어나며 장기지속적인 이주 형태로 다문화 상황이 일반적으로 인식되면 주류사회의 다수자들은 관용이나 혐오와 같은 일정한 성향을 표출하게 된다. 제노포비아는 혐오 경향성으로 나타나는 외국인 체류자들에 대한 정서 의식이며 행동 성향이다. 막연하고도 광범위한 이방인에 대한 두려움으로 동기화된 외국인에 대한 부정적 태도를 가진 사람들을 제노포브스(xenophobes)라고 칭한다. 이들은 자민족중심주의와 불관용을 집단화하며 외국인 이주자들은 자국(own nation)의 통합을 위협하는 다른 문화의 전파자라는 인식을 갖고 제노포비아를 형성하게 된다(Taras, 2009: 392).

존스(Jones, 2011)는 제노포비아의 실현 형태를 배타적, 소유적, 악성적 형태로 묘사한다. 배타적 제노포비아(exclusive xenophobia)는 이방인은 근원적으로 다르므로 공동체의 외부에 머물러야 한다는 것이며, 소유적 제노포비아(possessive xenophobia)는 이방인은 근원적으로 다르므로 공동체 외부에 머물러야 하고, 직업, 교육, 세금, 의료 혜택 등을 누리려 한다고 보며, 악성적 제노포비아(toxic xenophobia)는 이방인은 근원적으로 다르므로 공동체 외부에 머물러야 하고, 공동체적 가치체계와 자유 등을 파괴하려는 존재로 규정한다(p.35). 제노포비아의 핵심 속성을 외국인이라는 차이에 대한 차별적 배제로 보면서, 경제적 이유가 추가된 제노포비아와 가치체계에 대한 도전과 위협이 추가된 제노포비아로 나누어 보는 견해이다. 각각의 관점에 따라 제노포비아로 나타나는 행동의 강약은 다를 것이라는 함의를 보여준다. 이러한 제노포비아의 현실화 양상을 내러티브 유형(narrative type)[025]으로 구분하면 민족과 종족 중심 의식이 이념적으로 상징화된 형태의 민족상징 유형, 이것에 더하여 경제적 요인에 의하여 촉발되면서 사회적으로 구조화되어 가는 경제사회 유형, 민족과 종족, 경제와 사회, 이념과 정치 등의 요인이 중첩되어 폭력적으로 나타나는 혼합가중 유형으로 분류할 수 있다.

첫째, 민족상징 유형은 배타적 제노포비아 성향을 띠고 있으며 고전적 의미의 이방인에 대한 편견으로 볼 수 있다. 이것은 특정한 종족, 민족, 인종 등이 타 종족, 민족, 인종 등에 대해 우월감을 느끼든 열등감을 느끼든 '우리는 너희들과 다르다'라는 정서나 의식에 바탕을 둔 사회적 배제 현상으로 나타나며(백지원, 2011: 30), 상징적 민족주의를 바탕으로 한다. 민족주의(nationalism)는 종족이나 시민적 연대감에 기초한 특정 종족문화 혹은 정치집단[국가]에의 소속의식으로 규정된다. 민족주의에 의해 집단 정체성이나 국가 정체성의 생성과 유지를 위한 범주가 형성되며, 국가

---

025 내러티브(narrative)란 이야기 혹은 서사 구조를 말한다. 제노포비아가 오래된 서사체와 지금도 존재하는 이야기들로 재현된다는 의미에서 제노포비아의 중심 성향별 분류를 내러티브 유형으로 지칭한다.

영토와 관련된 물리적 범위와 문화 통합과 연계된 정신적 범위를 모두 포함한다. 민족주의는 시민적 연대보다는 종족적 연대에 의해서 흔히 발현된다. 따라서 이방인의 이주는 일정한 경계 속에서 종족과 문화 정체성의 동질화를 추구하는 민족주의에 대한 위협적 요인으로 간주되어 인정되지 않는다(Schenk, 2010: 104 참조). 이주에 의한 민족 혹은 종족 정체성의 훼손을 인정하지 않는 통합적 동화주의와 연계되어 국민국가라는 현실세계에 구현된다.

민족상징 유형의 제노포비아는 유럽에서의 무슬림(Muslims)에 대한 이념과 종교적 차원의 차별 정책을 원형 사례로 들 수 있다. 프랑스는 2011년 4월 이슬람의 전통 복장인 부르카와 히잡, 니캅, 차도르 등 이슬람식 베일의 공공장소에서의 착용을 금지하였다. 프랑스의 이슬라모포비아(Islamophobia)는 이방인에 대한 젠더적 차별 성향을 띠는 것이며 차이에 대한 두려움과 증오가 드러난 것이었다. 스위스의 제노포비아는 더 강력한 형태로 나타났다. 스위스는 2009년 국민투표를 거친 국가적 결정에서 이슬람 성전의 상징인 미나레를 미사일과 스위스 국기를 이슬람식으로 모사한다는 이유로 금지하는 법안을 가결하였다.026 같은 맥락에서 미국의 뉴욕, 테네시, 캘리포니아 등지에서 이슬람 사원인 모스크를 반대하는 운동이 발생하였다. 이러한 현상들은 '불관용의 불관용'(intolerable intolerance)으로 묘사될 수 있다(Jones, 2011: 34~35). 민족, 종족, 이념, 종교 등이 정치적으로 집단 상징화되어 외

---

026 명칭과 해석에는 약간의 논란이 있지만 부르카(burka), 히잡(hijab), 니캅(nicab, niqab), 차도르(chador), 미나레(minaret)는 이슬람을 상징하는 종교적 젠더 의상과 회당 첨탑을 의미한다.

국인 이주자들에 대한 부정적 태도나 정책으로 표상된 것이다.

둘째, 경제사회 유형은 소유적 형태의 제노포비아로 볼 수 있으며, 국가 구성원으로서의 시민에게만 공공의 혜택이 적용되어야 하고 이주에 의해 유입된 이방인에게까지 확장되어서는 안 된다는 기본 전제를 갖고 있다. 전형적으로 남아프리카공화국에서의 제노포비아는 경제적 스트레스와 논리적으로 연결되어 나타났다. 1994년 공식적인 인종차별정책이 철폐된 이후 남아프리카공화국의 경제는 세계에서 가장 심한 경제 상황 악화를 겪어 왔다. 지니 계수(Gini Coefficient)를 보면 1993년 .66에서 2008년 .70으로 나타났으며, 실업률은 1994년 16%에서 2001년 32%까지 올라갔다가 2010년 26%가 되었고, 도시 지역의 빈곤율은 더욱 악화되었다. 제노포비아는 구조적인 경제 침체의 조건에서 제대로 이해될 수 있는 것이다(Amisi, et al. 2011: 60). 남아프카공화국에서의 제노포비아는 주로 아프리카계 아프리카인(Black African)들에 대한 차별로 나타나며, 외국인들은 범죄, 질병, 고용, 사회보장제도를 훼손하는 이방인들로 여겨진다.027

이런 형태의 제노포비아는 흔히 민족 혹은 종족주의에 부가되어 나타나는 경향이 있다. 실제로 러시아인의 57%가 민족주의 감정을 갖고 있으며 '러시아인을 위한 러시아'(Russia for Russians)라는 이념에 찬성한다. 러시아인들은 이주자에 의한 범죄가 증가하고 있다고 믿고 있으며 동시에 경제적 위협이 되고 있다고 생각한

---

027 남아공에서의 이방인들은 모잠비크, 짐바브웨, 말라위, 소말리아 등에서 경제적 이유 혹은 교전 상황이나 내전과 같은 정치적 이유로 이주한 자들을 지칭한다. 이들은 언어, 짙은 피부색, 의상 등에 의하여 구별되며 차별받는다.

다. 이러한 의식은 코카시안(Caucasian)이나 중앙아시아의 소수 이주자들에 대한 증오 범죄로 이어져 2006~2007년 사이의 제노포비아 범죄가 60% 증가하는 결과를 초래하였다. 2008년에는 531명의 중앙아시아인들이 증오 범죄의 희생자가 되었다(Schenk, 2010: 112~113). 외국인은 국민국가의 사회경제적 위기 상황에서 희생양이 되기 쉽다. 사회적 불신이 높은 사회일수록 중앙과 지방, 정부와 외국인, 다수자와 소수자 사이의 갈등은 공정성과 인권을 담보로 하는 민주주의 질서체계의 위협 요인이 될 수 있는 것이다.

셋째, 혼합가중 유형은 악성적 제노포비아 형태를 띠는 것으로 사회적 폭력, 테러, 작용 반작용에 의한 또 다른 폭력의 사용 등으로 나타나며, 다문화 상황이 공존보다는 분리 쪽으로 전이되어 불필요한 국가사회적 자원의 소모가 발생하는 문화적 갈등과 물리적 충돌의 혼재 양상을 말한다. 혼합가중 유형의 대표 사례는 2001년 발생한 9·11을 계기로 생성된 미국인들의 테러에 대한 트라우마(trauma) 현상이다. 9·11은 미국에 대한 단순한 공격 행위를 넘어 국가적 가치와 정체성에 도전하는 전쟁 행위로 간주되었다. 9·11은 미국인들의 가정과 삶에 심대한 영향을 미쳤다. 9·11에 대한 반작용으로서 수사적이고 경험적인 형태의 제노포비아가 미국에서 발생한 테러로부터 받은 손실과 고통을 감소시키지는 못해 왔음에도 불구하고, 지난 10여 년간 차별적 배제와 행동은 격화되어 왔으며, 차이에 대한 두려움과 악성적 제노포비아(toxic xenophobia)가 미국을 비롯한 유럽 국가 등 서방세계에 퍼져 이슬라모포비아 현상으로 현실화되었다(Jones, 2011: 34).

혼합가중 유형의 제노포비아의 특성은 폭력을 유발하고 희생자들이 대량 발생한다는 점이다. 인간으로서의 기본적인 존엄성이 심각하게 훼손된다는 점에서 악성적이다. 2008년 5월 남아프리카공화국 전역에서 발생한 외국계 아프리카인에 대한 소수종족 학살(pogroms)로 인하여 21명의 남아공인을 포함한 62명의 사람이 살해되었고, 670명이 부상당했으며, 적어도 수십 건의 성적 학대사건이 일어났으며, 35,000여 명이 남아공 내부에서 이동하였고, 100,000여 명의 외국인 이주자들이 본국으로 돌아가거나 집과 상점 등을 파괴당하였다(Steenkamp, 2009: 439; Amisi, et al. 2011: 59). 인종차별정책의 공식적 폐기 이후 '무지개 국가'(rainbow nation)로 알려진 남아공에서 전형적이고 악성적인 제노포비아가 대규모로 나타난 것이다. 결국 제노포비아란 국민국가의 상징적 민족주의와 관련된 종족 이념적 요소와 다문화 상황에서의 경제적 요인에 의해 사회구조적으로 발생하는 민주주의 질서체계를 교란하고 부정할 수 있는 외국인 차별 현상이며 종족집단의 투쟁 양상으로 규정할 수 있다.

한국에서의 제노포비아의 표상화는 2007년 12월 '불법체류자 추방운동본부'라는 단체에 의해 행해졌다. 법무부의 출입국외국인정책본부에 의한 불법체류자 단속을 지지하는 반외국인 시위가 국내 처음으로 개최된 것이다. 시위 참가자들은 20~30대 청년들인데 내국인도 실업으로 어려운 판에 합법체류자가 아닌 불법체류자의 노조설립과 인권을 보호해달라는 주장은 어불성설이라고 비판하며 불법체류자 단속의 필요성을 역설하였다(윤인진 외, 2010:

20). 일견하면, 한국 사회의 제노포비아는 배타적 성격의 민족상징 유형에서 소유적 성격의 경제사회 유형으로 변화되어 가는 과정에 있는 것으로 보인다. 불법체류자를 대상으로 합법적인 주장을 편 사례이므로 아직은 소극적 형태의 제노포비아로 볼 수 있다. 그러나 외국인 이주자들의 급격한 증가에 따라 주로 경제적 동기에 의해 이방인에 대한 반감을 숨기지 않는 '외국인노동자대책시민연대', '다문화정책반대', '대한민국을 사랑하는 국민들의 모임' 등 제노포비아형 인터넷 카페의 조직적인 활동과, 최근 이자스민 의원을 둘러싼 인종차별적 성격의 논쟁 점화 등의 원형 사례들은 한국 사회에서의 제노포비아가 언제든지 혼합가중 유형으로 전이해 나갈 가능성을 갖고 있다는 사실을 말해준다.

Ⅲ. 민주주의 담론의 기저: 시민의 확장

민주주의 헌정체제 국가에서 시민으로서의 자격을 부여해줄 것인가의 문제는 상징적 의미와 함께 정치적 의미를 갖고 있다. 국내법적으로 명백한 외국인일지라도 인간으로서의 기본권으로부터 유래되는 보편적인 일정한 시민으로서의 지위를 인정받고 있는 것이 현실이며, 이러한 상징적 의미의 시민은 정치적으로는 시민권의 범주를 모호하게 만드는 성격을 가진다. 민족주의가 상징적로고 형태를 띠는 이념형적인 모습으로 재현된다는 사실을 인식할 때, 제노포비아는 얼마나 상징적으로 정치적으로 민주국가 시민으로서의 지위를 인정받는가에 상당한 영향을 받는다는 것이 현실이다. 따라서 민주주의의 역사성에 기초한 시민의 확장 논리는 국민국가 차원의 민족주의와 제노포비아의 대립 관계를 해소하는 데 중요한 정치적 의미와 현실적 영향력을 갖는 것으로 볼 수 있다.

그리스·로마 시대의 시민이란 도시 혹은 공동체의 거주자로서 구성원에게 주어지는 권리와 지위를 소유한 자들이다. 이러한 시민 개념은 개인의 자기결정을 중시하는 민주주의의 정립과 더불어 범주가 확장됨에 따라 공동체로서의 도시를 넘어 국민국가의 개인들 모두에게 적용되었다. 그러나 고전적 시민으로부터 시작된 민주시민의 개념이 그대로 글로벌 시민의 개념으로 전환될 수 있는지에 대해서는 의문이 제기된다. 명백한 것은 글로벌 시민에 관한 논의와 실행들이 평화롭고 정의로운 글로벌 질서의 창조에 중요한 역할을 수행하여 왔다는 점이다(Karlberg, 2008: 10).

사실상 글로벌 시대의 도래와 함께 자기 충족적 국가(self-sufficient nation)는 더 이상 존재하기 어려우며, 글로벌 수준의 민주주의가 작동되어 배제와 차별에 대한 이의제기와 극복을 보편적 원리로 여기게 되는 국제사회의 규범이 형성되고 있다. 일국민주주의의 의미는 여전히 중요하나, 민주주의가 단지 개별국가의 문제만이 될 수 없는 상황에서 글로벌[지구적]028 수준의 민주주의에 대한 새로운 인식과 접근이 필요한 것이(이화용, 2010: 8) 국제사

---

028 이화용(2010)의 원문에는 '지구적'으로 표현되어 있으나 본고에서 본 원문을 인용할 경우에 한하여, 의미의 동일성을 전제로 논지 전개의 일관성 확보를 위해서 '글로벌'로 전환 표기하고 원어를 [ ] 안에 병기한다.

회의 현실이다. 일국민주주의는 특정 영토 국가의 정치적 발전을 주도하며 전체 시민의 권리 확보를 제도적으로 정착시키는 데 기여하였다. 그러나 사회적 관계의 범위가 영토적 경계를 넘어서 세계로 확대되고 지역적, 초국적 거버넌스 조직들이 작동하면서, 통치 형태에 관한 규범으로서의 민주주의는 단지 개별 국민국가에 한정되지 않고 그 범위가 글로벌[지구적] 수준으로까지 확대되어야 한다는 견해가 숙고되고 있다(이화용, 2010: 6~7). 물론 이러한 견해가 국민국가 구성원으로서의 시민 개념의 지구적 수준으로서의 확대를 의미하는 것은 아니다. 그러나 국민국가 내부에 속해 있는 다문화 소수자로서의 이주자들의 이방인적 지위성에 대한 개선과 시민으로서의 인정의 정치가 글로벌[지구적] 수준으로의 민주주의 확장의 논리와 맞닿아 있는 것은 분명하다. 민주주의 헌정체제의 기본 논리로서 인간의 존엄성과 적정 수준의 삶의 보장과 이를 추구할 수 있는 권리는 국민국가와 글로벌[지구적] 수준에서 모두 구현되어야 할 합당성을 갖고 있는 것이다. 이것은 시민의 확장이라는 민주주의 기본논리와 합치하고, 민주시민사회라는 공동체의 유지와 발전에도 기여할 수 있는 아이디어를 제공한다.

본질적으로 글로벌 세계와 소통하는 개인은 언제나 다양한 소수종족, 인종, 문화, 계층, 성 집단과 만나게 되며, 문화, 국가, 글로벌 정체성을 동시에 드러내는 다중적 존재가 된다. '다수로부터의 하나'*e pluribus unum*라는 민주주의의 기본 아이디어가 새롭고도 정교한 의미로 적용되어야 할 상황이 현실적으로 나타난 것이다(Banks, 김용신·김형기 역, 2009: 12). '다수로부터의 하나'는 민주주의의 신조가치인 자유와 평등의 균형을 의미한다. 소수자들의 다수주류문화로의 일방적인 동화를 강조하면, 현실세계에서는 실질적으로 보장된 동등한 기회균등을 의미하는 평등을 주로 훼손하기 때문에 '진정한 하나'*authentic unum*에 도달할 수 없다. 역으로 다수자들의 전통문화가 지향하는 기본 가치들을 위협할 정도로 소수자 정체성이 고착화된 형태로 도입되면 다수자들의 자유를 현실적으로 침해할 수 있다. 어느 쪽이나 '다수로부터의 하나'가 지향되기보다는 '강요된 하나'*imposed unum*에 머무를 수밖에 없는 것이다. 소수문화집단과 주류문화집단의 고유한 경계를 인정하면서 소수자와 다수자가 민주적 형평에 도달해야 자유와 평등이 동시에 작동하게 된다. 따라서 민주주의의 기본 원리는 문화정체성의 인정 속에서의 시민의 확장을 요구하는 것이며, 글로벌 수준으로의 시민의 확장은 종족문화 다양성에 대한 상호 이해를 증진하여 제노포비아의 악성화 가능성을 감소시킬 것으로 본다.

Ⅳ. 포용의 현실 우선성

글로벌 다문화사회에서 일상적으로 나타나는 디아스포라(diaspora)는 범주화된 분산(dispersal)을 의미한다. 디아스포라는 국가의 경계를 넘어서기도 하지만 국가의 경계 안에서도 존재한다. 디아스포라는 본국을 동경하는 마음에서 비롯되어 실현을 추구하면서 동시에 이주 국가 내부에서 새로운 문화 정체성을 만들기도 한다. 경계의 유지를 특징으로 하며 다양성과 혼종성에 밀접하게 연관되어 있다. 소수집단 내부의 문화적 동질성과 국가적 다양성을 함께 갖고 있으며, 정체성의 다세대 유지력(multigenerational staying power)을 확보하게 해준다(Tsolidis, 2011: 413). 이주자들의 정체성은 유입 국가의 주류문화 속으로 융화되는 과정을 겪으면서 한편으로는 강화되는 속성을 띠는 것이다.

어떤 사람의 언어와 문화에 대한 접근은 흔히 의미 있는 선택을 할 능력에 대한 전제 조건이 될 수 있다. 어떤 다른 가치를 위해 어떤 사람의 언어와 문화를 포기하는 것은, 명백히 불가능하지는 않다고 하더라도, 흔히 매우 어렵고 희생이 큰 과정이다. 그리고 다수자들은 그에 상응하는 희생에 직면하지 않으면서, 소수자들만 이러한 부담을 져야 한다고 기대한다는 것은 합당하지 않다(Kymlicka, 장동진 외 역, 2008: 471~472). 이것은 민주주의 헌정체제의 기본 원리인 '다수로부터의 하나'와도 배치된다. 여기서 말하는 '하나'란 다음과 같은 관점에서 해석된다.

'하나'*unum*는 국민국가의 다양한 인종, 종족, 문화, 사회계층, 성별 집단들이 그것의 구성원과 재구성에 전적으로 참여하고, 그것의 목적, 목표, 가치를 결정하는 데 기여할 때에 한하여 민주적이고 다원적인 사회에서 실질적으로 정당화된다. 이들 집단은 '하나'를 그들의 투쟁, 희망, 꿈, 가능성과 일치하는 것으로 인식해야 한다. 또한 그들은 국민국가 내부에서 동등한 지위를 체험하거나, 체험할 수 있다는 것을 믿어야만 하며, 국가와 국가 상징, 국가 이익이 그들의 가치, 관점, 목표를 반영하는 것이라고 신뢰해야만 한다(Banks, 김용신·김형기 역, 2009: 23).

'다수로부터의 하나'라는 민주주의 성립의 전제 요건은 포용 (inclusion)을 통하여 실현될 수 있다. 포용이란 이해와 통합의 수준을 넘어서는 의미를 담고 있다. 사회적으로 배제되는 소수자들을 인정하면서 차이 속에서 융합을 이끌어 내려는 전략은 현실세계의 다수자와 소수자의 불안정한 분리 현상을 극복하기 어렵다. 이상적인 논리처럼 보이지만 주변화된 소수자들은 자신의 문화 정체성에 대한 위협을 느끼게 되며, 주류화된 다수자들은 소수자들에 대한 인정을 제한된 범위 내에서 행하게 된다. 차이는 인정되지만 주류 문화로의 동화 속에 한정되며, 따라서 실질적인 동등성 보장은 부인된다는 것이다.

여기서 문제가 되는 것은 소수자들의 문화 정체성이 다수자들의 국가 정체성과 지속적인 불일치를 일으키면서 포용 차원에서 인정되지 않을 경우 정체성 간의 갈등 양상이 나타날 수 있다는 점이다(김용신, 2011: 95). 문화로 인한 차이는 동화에 대한 기대를 통하여 편입되기보다는 지속적으로 유지되면서 변화하는 양상으로 나타난다. 차이에 기인하는 정체성의 동일시 현상은 개별 주체들이 다른 주체들과의 교류를 통하여 일종의 협상을 유도하며, 공동체와 사회제도의 영향을 받게 된다(Tsolidis, 2011: 414). 문화와 정체성의 차이로 인한 외국인 소수자에 대한 제노포비아는 개별 주체들 간의 교류 속에서 변이하는 것이다. 이러한 변이 과정의 현실적 개입 논리가 포용이다.

포용은 이러한 문제점을 해결해 낸다. 일방적 동화주의로 귀결되는 통합의 논리 혹은 시혜적 다문화주의로 나타나는 이해의 논리에 비하여, 포용은 소수자에게는 문화 정체성을 유지하여 자존감을 가진 민주정치사회의 구성원으로서의 권리와 의무를 다하는 시민이라는 실질적 혹은 상징적 지위성을 갖게 하며, 다수자에게는 소수문화에 대한 이해를 바탕으로 하는 공감 능력을 확보하게 하여 다양한 민주사회 구성과 공동체 발전에 기여할 수 있게 해준다(김용신, 2009: 10~11 참조). 동시대적 현상으로서의 글로벌화는 국민국가의 경계를 초월하여 개별적으로 연계된 사회를 창출하였으며, 빈번한 국제교류를 가능하게 하여 전통적인 근대성의 표류를 가져온 것이 사실이다. 이러한 글로벌 유동성은 명백한 소속의식이 필요하다는 인식을 발생시켜 왔으며(Tsolidis, 2011: 416), 정체성의 표류 속에서 안전과 안정에의 요구를 은유하는 기표로 나타난 것이 글로벌화인 셈이다. 이것은 포용의 실현 가능성이 언제나 어떤 장소에서라도 열려 있다는 것을 뜻한다.

한국 사회에서 제노포비아의 적극 해소와 민주주의의 긍정적 발전이라는 측면에서 포용의 논리는 민주주의교육과 국력의 측면에서 논할 수 있다. 첫째, 민주주의교육은 민족주의와 제노포비아와 관련하여 두 가지 의미를 띤다. 하나는 주류문화의 전통 언어 사용, 신화에 기초한 국가 상징 조작에 따른 동질성 확보, 국민국가의 유지를 강조하는 민족주의 가치의 중재자로서 기능을 수행한다는 점이며, 또 다른 하나는 다른 문화와 종족, 국가에 대한 인식과 존중을 강조하는 다문화적 가치의 중재자로서의 역할을 수행하여 반인종주의의 강화에 긍정적으로 기능한다는 점이다. 이러한 교육의 양면성은 언제나 교육체계뿐 아니라 국민국가와 국제사회에 갈등을 초래할 개연성이 있는 것이 사실이다. 그러나 민주주의 국가에서 교육수준이 높아질수록 민족주의 감정이 약화되고 제노포비아가 감소된다는 사실이 경험적 논증에서 발견된다 (Hjerm, 2001: 55~56).[029] 이런 점에서 포용 지향성을 확보하게 해주는 '다수로부터의 하나'라는 민주주의 기본논리에 대한 학습은 제노포비아의 해소를 위해 적용할 수 있는 효과적 방법으로 볼 수 있다.

둘째, 국력의 유지 및 증강 차원에서 제노포비아는 포용으로 대체 지향되어야 할 필요가 있다. 주지하듯이 미국은 세계에서 세 번째 규모의 인구를 갖고 있으며, 인구 감소로 인한 쇠퇴를 겪지 않을 국가로 여겨진다. 그러나 테러리즘에 대한 반작용으로서의 제노포비아 현상이 증가하고 국경이 봉쇄되어 이주자에 대한 포용이 사라질 경우 변화가 일어날 수도 있는 것이 사실이다. 비록 증가하는 이주자의 비율이 사회문제의 원인이 된다 할지라도, 장기적으로 이주는 미국의 파워를 강화시켜 줄 것으로 예상된다. 현재 상태의 인구 규모의 유지가 경제적인 힘을 담보해줄 수 있을 뿐만 아니라 선진 국가들의 당면 문제인 노령인구의 증가에 대비하는 정책 수단이 될 수 있는 것이다. 따라서 이주는 중요한 국력 구성 요소이며, 실제로 미국 실리콘 밸리에서 고수준 기술 개발에 참여하는 중국과 인도계 이주자들이 총 거주자의 25%에 달하여 미국의 발전에 상당 부분 기여하고 있다는 점에서 미국의 소프트

---

029 민주주의 헌정체제를 운영하는 오스트레일리아, 캐나다, 스웨덴, 뉴질랜드, 스페인, 이태리, 독일, 오스트리아, 체코, 헝가리 등 10개국을 대상으로 교육과 제노포비아, 민족주의의 상관관계를 분석한 Hjerm(2001)의 국제비교연구를 참조할 것.

파워는 외국인 이주자에 대한 포용 정책에 기대고 있으며, 이것은 미국의 힘을 유지 발전시켜 줄 것으로 판단된다. 중국의 중화주의(Sinocentrism) 문화는 국내 한정적 인구 충원을 기반으로 하고 있으므로 미국의 이주 다양성에 기반을 둔 창조적 문화를 능가하지 못할 것으로 평가되며, 세계를 이끌어 가는 미국의 지위는 유지될 수 있다는 비평이 가능하다(Nye, 2010: 5 참조).

이런 관점은 외국인 이주자로 인한 제노포비아의 악성적이고 집단적 발생 가능성을 줄이기 위한 민주주의교육의 강화 필요성과 국력의 유지 발전 측면에서의 이주의 자유에 대한 재성찰을 요구한다. 기본적으로 제노포비아는 정주사회의 자원을 둘러싼 이주사회와의 갈등 양상으로 볼 수 있다. 정주자(host)들은 이주자(alien)들이 한정된 직업, 교육, 복지 등을 위협하는 두려운 존재로 간주하여 공격적 행동을 보이게 되며, 상호작용적 시위와 집단행동 등이 발생하여 폭력 사태로 이어지는 상황이 발생한다(Sinwell, 2011: 142). 그러나 카렌스(Carens, 1987)가 지적하듯이 이주의 제한은 국적이나 인종, 종족 혹은 정주사회 시민의 경제적 복지를 감소시킨다는 것에 근거하여 정당화될 수 없고, 기존의 주류사회가 가진 역사와 고유문화에 미치는 이주의 효과가 자유민주주의의 가치를 위협하지 않는 한 적절한 도덕적 고려의 대상이 될 수 없다(pp.261~262 참조). 사실상 외국인에 대한 사회적 형태의 제노포비아는 경제적으로 정당한 노동 수요가 국내에 존재함에도 합리적으로 이를 해결하지 못하고 이주자들에 대한 막연한 반감과 사회적 갈등 사태로 전이되어 나타나는 경향이 짙다. 따라서 민주주의 신조 가치 함양을 위한 글로벌 시민형성 과정의 체계화가 포용 차원에서 요청되는 것이며, 다문화사회의 장점을 활용하는 국가 경쟁력 차원의 외국인 이주자에 대한 전략적 접근이 필요한 것이다.

V. 민주주의와 제노포비아

이방인에 대한 두려움이나 경계심은 오래되었으면서 현존하며 지속되어 나갈 인간의 기본 성향이다. 누구든지 이미 설정된 고유 공간이나 장소 속으로 다른 사람이 들어오는 장면을 만나면 자기 보존 본능에 따라 막연한 형태의 불안감을 느낄 수 있다. 이것이 국민국가라는 테두리 안에서 나타나는 일상적인 이주 현상으로 다가오면 정주사회의 다수자로서의 위상을 보장해온 민족주의라는 상징적 범주의식이 작동하게 마련이다. 민족주의는 국가의 형성과 유지 발전이라는 측면에서 양면성을 가진다. 긍정적으로는 국가 구성원의 통합과 질서 형성으로 작동하고 부정적으로는 국가 내부의 시민과 이방인의 갈등 요소를 제공한다. 부정적으로 작동할 때는 '우리'와 '그들'이라는 일종의 우월주의에 입각한 인종주의와 자민족중심주의와 연계되어 제노포비아라는 사회적 갈등 양상으로 나타난다.

이처럼 제노포비아는 이분적 논리에 기초하며 소수 외국인 이주자에 대한 배타적 차별 형태를 띠는 것이 일반적이다. 민족상징 요인에 의한 외국인에 대한 잠재된 혐오의식이 소유적 형태로 누적되면서 변이하면 외형화되어 드러난다. 이주 유입국의 경제 상황이 악화되는 경우 사회적 불안정과 실업률 증가 요인으로 이주자들이 지목되면서 차별 현상이 뚜렷해지는 경향이 나타난다. 제노포비아는 경제적 동기에서 비롯되어 사회적인 형태로 전환되는 것이다. 이와 같은 경제사회 요인에 의한 제노포비아가 인종, 종족, 이념, 종교, 젠더 등의 가중 요인과 중첩되면 악성적 형태로 상승되어 폭력 사태를 유발할 수 있다. 2005년 11월 프랑스 파리에서 발생한 소요 사태는 주로 아프리카계 또는 이슬람계의 이주자 청년들에 의한 것이었다. 전통적으로 고수해온 프랑스의 통합적 동화주의 정책이 혼재된 형태의 제노포비아와 결합되어 외국인 이주자에 대한 차별로 여겨지면서 그에 대한 반작용으로 문화정체성의 갈등을 겪던 이주자에 의한 폭동과 공권력의 충돌 양상이 전개된 것이다.

한국 사회에서 글로벌 다문화화 따른 이주의 일상화가 진행되면서 나타나기 시작한 외국인에 대한 혐오의식은 '배타적 – 소유적 – 악성적' 제노포비아의 스펙트럼에서 배타적이면서 소유적 형태의 초기 제노포비아 단계에 해당되는 것으로 볼 수 있다. 이것은 본고에서 제시한 제노포비아의 사례별 분류도식인 '민족상징 – 경제사회 – 혼합가중' 형태의 제노포비아의 내러티브 유형 중 경제사회 유형으로의 전이가 나타나기 시작한 것으로 진단될 수 있다. 여기서 중요한 것은 한국 사회의 외국인 이주자 비율이 급격히 증가하고 있다는 사실이다. 글로벌 경제구조와 맞물린 국가 내부의 경제수요에 의해 유입된 외국인근로자를 중심으로 결혼 이민자, 북한 이탈 주민, 유학생 등 소수종족으로서의 이주자들이 가시적으로 등장한 것이다. 제노포비아의 속성으로 볼 때 경제상황이나 정치사회의 구조적 변동에 따라 언제든지 악성적 형태의 혼합가중형 제노포비아와 그에 대한 반작용이 나타날 가능성이 있다는 것이 현실이다.

주지하듯이 민주주의는 시민의 확장이라는 역사성을 갖고 있다. 도시국가의 시민은 국민국가의 시민으로, 일국의 시민은 국제사회의 시민으로, 더 나아가 글로벌 시민으로 점차 확장되어 가는 논리를 민주주의가 제공하고 있기 때문이다. 민주주의 헌정체제는 '다수로부터의 하나'를 모토로 성립되고 운영되므로 '진정한 하나'에 도달하기 위해서는 필연적으로 시민과 이방인의 구별은 흐려질 수밖에 없는 것이다. 국민국가 내부에 소수자로서 체류하고 있는 외국인 이주자들에 대한 문화 정체성의 인정은 민주주의의 신조 가치인 자유와 평등의 관점에서 합당하며, 글로벌 시민으로서의 지위성은 병행 인정되어야 하는 것이다. 민주주의의 기본가치를 훼손하지 않는 한 국가주권의 범주 속에서도 인간으로서의 기본적인 적정 수준의 삶을 누릴 수 있는 시민으로서의 권리가 보장되는 것이 정당하다. 이것이 막연한 형태의 두려움과 증오에서 비롯된 제노포비아가 악성적 형태의 제노포비아로 전이하는 것을 방지하는 논리로서의 민주적 포용의 관점이라고 볼 수 있다.

04

정치사회화와
시민교육

인간은 사회화를 통하여 인간다운
인간이 되듯이 정치사회화를 통해서
정치적 인간이 될 수 있다. 정치사회
화는 개인들이 자기에게 타당하다고
생각되는 정치생활의 규범을 익히고
정치질서 속에서의 자기 위치와 역
할, 즉 정치적 자아를 형성하게 해주
는 것이다.

10. 정치사회화 이론의 재해석

Ⅰ. 글로벌 다문화화와 정치사회화

　인간은 사회화를 통하여 인간다운 인간이 되듯이 정치사회화를 통해서 정치적 인간이 될 수 있다. 정치사회화는 개인들이 자기에게 타당하다고 생각되는 정치생활의 규범을 익히고 정치질서 속에서의 자기 위치와 역할, 즉 정치적 자아를 형성하게 해주는 것이다. 이것을 정치체계의 입장에서 볼 때 그 사회의 지배적인 정치문화를 한 세대에서 다음 세대로 전승하는 과정이 된다(김충남, 1982: 11~12). 다시 말해, 정치사회화는 개인과 집단의 모든 수준에서 병행하여 발생하는 것이며, 정치사회화를 통하여 개인은 정치적 관점을 습득하게 되고, 공동체는 전통적인 행동양식과 사고방식을 한 세대에서 다음 세대로 주입시키는 것으로서 정치적 준거들을 영속하려고 시도하게 된다(Dawson & Prewitt, 1969: 13).

이런 의미의 정치사회화는 유아기부터 진행되어 초등학교를 마칠 때 즈음에는 상당한 정도의 기본적 정치 정향을 습득하게 한다. 중요한 것은 비교적 세련된 정치적 정향들이 모두 기존의 정치체계에 대해 호의적이거나 지지하는 것은 아니라는 사실이다(Easton & Dennis, 1969: 6). 정치사회화는 시민들이 정치세계에 대한 관점을 습득하고 한 세대에서 다음 세대로 정치적 준거와 이념을 전달하는 방식이기는(Dawson & Prewitt, 1969: 6) 하지만, 정치사회의 구조적 변화나 새로운 상황의 도래에 따라서 전승되는 정치적 준거와 가치들은 변화할 수도 있는 것이다. 이러한 정치사회화의 본질에 대한 자유주의와 공동체주의의 해석은 달리 나타난다.

전통적으로 정치사회화는 개인과 국가사회에서 일상적으로 발생하는 시민생활과 관련된 사회화 및 교육을 다루어 왔다. 따라서 개인의 자유(freedom)를 우선하는 자유주의와 국가사회의 덕(virtue)을 강조하는 공동체주의 철학이 정치사회화의 토대 이론으로 적용되어 왔다. 그러나 글로벌 다문화화에 따른 경계 혼종자(border crosser)들과 다양한 문화집단들의 전면으로의 등장은 다문화주의라는 새로운 정치사회화 이론에 대한 성찰을 필요로 하고 있다. 다문화화에 따라 등장한 소수자들로 구성된 소수집단은 부와 권력, 지위 면에서 종속적 위치에 있는 사람들의 집단이며, 다수집단은 부와 권력, 지위 면에서 우월한 위치에 있는 사람들의 집단으로 규정된다(Ritzer, 2010: 435). 따라서 각각의 문화는 다를 수밖에 없으며 서로를 이해하고 통합하는 차원의 다문화 정치사회화 과정이 제대로 실행되지 않을 경우 기존의 사회적 갈등이나 문제에 더하여 다문화로 인한 소모적 논쟁이 생성될 수 있다.

우리나라의 경우에도 지역, 계층, 성별, 세대 간 형성된 소수집단과 다수집단 사이의 사회적 가치 배분과 관련된 여러 가지 갈등이 존재하는 것이 사실이다. 여기에 더하여 소수이주집단의 문제가 다수정주집단과의 차이에 의한 차별로 이어질 경우 다문화 상황의 갈등은 필연적일 가능성이 크다. 현재 총인구 대비 2.6%에 달하는 126만여 명의 외국인이 거주하고 있으며(법무부, 2010), 2020년 5%, 2050년 10%의 비율로 증가할 것으로 추정되어 다문화화의 가속화가 예상되고 있는 시점이다. 행정안전부(2009) 통계에 따르면 다문화가정 자녀 수가 2007년 44,000명, 2009년 107,600명으로 2년 사이 두 배 이상의 폭으로 증가하고 있는 것으로 나타났고, 이것은 일반적인 통계 추세로 굳어지고 있는 양상이다. 부모의 출신 국적별로는 중국 50.7%, 재중동포 17.3%, 동남아시아 34.9%, 일본 6.3%, 몽골 1.6%, 중앙아시아 1.5%이며, 연령별로는 만 6세 이하 64,000명, 초등학교(7~12세) 28,900명, 중학교(13~15세) 8,000명, 고등학교(16~18세) 6,600명으로 나타났다. 다문화가정 자녀 부모 중 90% 이상이 외국계 여성인 점을 고려하면 중국과 동남아계 여성과 한국인 남성 사이의 자녀들이 대다수인 것으로 볼 수 있으며, 주로 가정과 학교에서 생활하고 있고, 다문화가정을 꾸린 한국인 남성들이 도시 외곽과 농촌에 다수

거주한다는 점을 고려할 때 빈곤과 차별 등의 문제가 추후 국가사회의 경제적·정치적 문제로 확대될 가능성이 있다.

글로벌 다문화사회는 다수자와 소수자 간 갈등과 다양성이 존재하고, 적어도 최소의 공유된 상호작용이 있으며, 경제적·교육적 자원과 정치적·시민적 권리에 동등하게 접근하며, 문화적 다양성에 가치를 부여하는 사회이다(Marsh, 1987: 312). 이러한 21세기 다문화사회가 도래하면서 정치, 사회화, 교육, 소통과 관련된 중요한 담론들이 등장하였는데(Farnen, 2008: 5), 정치사회화와 관련된 쟁점들이 새롭게 부각된 것으로 요약할 수 있다. 정치사회화 과정이 제대로 이루어진다는 것은 민주적 인간이 사회구성원의 다수를 차지한다는 것이며, 이들에 의해서 민주주의 이념이 잘 실천되어 정치체계가 안정적인 발전을 해 나간다는 것을 의미한다(김용신, 2006: 13). 따라서 다문화화 따른 정치사회화가 이론적·경험적 차원에서 잘 진행되어야 다문화사회에 적합한 사회구성원들이 다수를 점하게 되어 또 다른 다문화 차원의 민주주의 정치체계 발전을 도모할 수 있는 것이다. 특히 다문화 상황에서의 갈등을 최소화하여 민주적 형평성을 도모할 수 있는 다문화교육이 정치사회화 영역030에서 강조되면서 그 철학적 기반인 다문화주의를 검토하는 것은 필수적인 일이라 생각된다. 이 글은 글로벌 다문화 현상을 전제로 자유주의와 공동체주의 정치사회화를 비판적으로

---

030 일반적으로 정치사회화의 영역은 학교에서 공식적·의도적으로 실행되는 사회과과 도덕과 중심의 정치교육과 시민사회와 학교에서 포괄적으로 실행되는 시민교육으로 나뉘어져 왔는데, 다문화사회가 가시적으로 도래함에 따라 다문화 현상을 시민교육 혹은 정치교육 차원에서 다루는 정치사회화의 새로운 영역으로 다문화교육이 등장하였다.

접근하여 다문화주의 정치사회화 이론을 규명하는 것에 주안점을 둔다.

Ⅱ. 정치사회화의 이론적 쟁점

정치사회화는 어린이들로부터 성인에 이르기까지 모든 연령대의 사회구성원들을 인종, 종족, 지역, 장애, 젠더, 계층의 구분 없이 정치체계로 인입(引入, serve)시키는 과정이다. 경험 연구에 의하면 정치체계로서의 국가에 대한 자부심과 애국심에 대한 긍정적인 속성이 습득되는 과정이 구성적이라는 사실이 밝혀졌다(Farnen, 2008: 25). 어떤 정치사회화의 방법론적 관점을 중시하는가에 의해 정치체계는 현상을 유지할 수도 있고 변화할 수도 있는 것이다. 민주주의 헌정체제의 국가는 민주적인 정치사회화 과정을 통하여 시민형성을 추구하게 마련이다. 따라서 이주와 소통이 대규모로 정교하게 이루어지는 글로벌 다문화시대의 정치사회화는 민주주의 헌정체제에 나타나는 새로운 현상으로서 다문화화를 적정 수준에서 정치사회화 이론과 방법에 투영하여야 다문화 민주주의 시민형성에 성공적으로 도달할 수 있는 것이다.

이러한 정치사회화에 관한 논의의 이론적·경험적 전제는 세 가지 측면에서 유용성을 갖고 있다(Greenberg, 2009: 4～6). 첫째, 모든 정치체제(political regime)는 사회 구성원으로서의 청소년들에게 적합한 정치적 정향을 주입(instill)시키려 한다는 것이다. 고대로부터 현재까지 정치교육과 학습은 중요하게 여겨져 왔다. 이런 점에서 보면 소련에서의 교화나 미국에서의 시민훈련은 같은 맥락의 것이다. 학교에서 어린이들은 건국한 사람들, 애국적 신화, 미국적 생활양식으로서의 덕과 보상에 대한 긍정으로 안내된다. 미개의 작은 부족으로부터 발전된 국민국가에 이르기까지 모든 사회는 새로운 구성원들이 공동의 결정[보편선]에 도달하는 절차를 수용하고 인식하도록 안내하는 것을 주요 과제로 인식하고 있다. 둘째, 일반적으로 성인의 정치적 견해는 어린 시절의 정치사회화의 산물로 본다. 물론 성인이 아이들의 복사물(carbon copy)이라는 의미는 아니다. 그러나 정치적 정향에 관하여 어느 정도는 발달 단계의 아이들이 형성한 태도가 미래의 태도와 행동에 영향을 준다는 것은 확실하다. 따라서 시민의 정치적 견해에 관심을 가질 수밖에 없는 정부는 정치사회화 과정에서 형성되는 정치지식에 관하여 관심을 기울이게 되는 것이다.

셋째, 개인의 정치적 견해는 국가 기관의 운영과 정치생활에 영향(inpact)을 주는 것으로 인식한다. 이것은 대부분의 정치학자들이 동의하는 정치사회화에 관한 전제이다. 개인의 견해는, 적어도 그 집합체는 영향을 미치는 범위와 방향, 기제에 관한 논란은 있지만 그 존재에 관한 불일치는 거의 없는 것이 사실이다.

따라서 정치사회화는 전통적으로 정치체제 및 그 제도에 대한 충성이나 애착이 일어날 수 있는 다양한 과정들로 구성되며, 일반적으로 정치사회화 과정은 어떤 방법을 사용하든 간에 정치체제의 유지에 필수불가결한 것으로 인식된다(전득주 외, 1992: 35).

정치사회화의 산물로서 나타난 정치체계 구성원들로서의 시민에 의한 정치적 여론 형성은 과거와 현재, 그리고 미래의 정치체제를 담당하는 모든 사람들의 관심이 될 수밖에 없는 것이다. 중요한 것은 글로벌 다문화화가 진행되는 사회에서 정치사회화에 관심을 갖고 참여하는 사람이나 대상이 되는 사람들은 정치사회의 변화에 민감하게 노출되어 있으며 반응할 수 있는 다양한 기제들을 갖고 있다는 점이다.

자유주의 입장에서 정치사회화는 논리적으로 성립 자체가 불안정하다. 특히 의도된 정치교육이나 시민교육은 자유주의자들에게는 부차적인 문제일 뿐이다. 첫째로 정치교육에 대하여 자유주의자들은 불안하게 생각한다. 자유주의 이론가들에 있어서 정치교육은 포퍼(Popper)가 정치적 위생학(political hygiene)이라고 말한 본질주의자 플라톤(Plato)의 파이데이아(paideia)를 너무나 많이 연상시키기 때문이다. 둘째로 실천적 차원에서 정치교육은 자유주의 사회에서 불필요하거나 위험한 것으로 간주된다. 시민은 사회화의 규범적 과정이 잘 작동되는 질서에 있는 한 어떠한 정치학습도 받아서는 안 된다. 그러나 이런 가정에도 불구하고 실제로는 자유주의도 일정 형태의 정치교육을 실시한다. 즉, 정치권력의 등장 방법, 권력에의 대응법, 권력자와 무권력자의 구별법, 권력에의 협력법 등을 가르쳐 특정의 정치적 성향을 산출하려 한다(Esquith, 1992: 247~248).

그러므로 자유주의자들은 교육적 이상으로서의 중립성이 갖고 있는 실천의 제한성을 인식한다. 중립성을 완전한 형태로 실현한다는 것은 불가능하다고 인정한다(Gutmann, 1987: 35). 학교에 등교하는 학생들이 영혼을 집에 두고 가지는 않을 것이다. 국가의 중립성이 자유주의자들의 말대로 구현되는 것이 아니다. 따라서 자유주의자들은 가치 명료화(value clarification) 방법을 선호한다. 가치 명료화 절차는 학생들이 자신들의 가치관을 이해하고 계발하도록 도와주며, 다른 사람들의 가치관을 존중하도록 가르치는 것이므로 주입식 교육의 대안이 될 수 있기 때문이다. 그러나 가치 명료화 방법은 가치 편중적이라는 비판보다 모든 도덕적 관점을 가치 있는 것으로 취급해야 한다는 점에서 잘못된 주관주의에 빠질 우려가 있으므로 문제가 될 수 있다.

이러한 자유주의의 정치사회화에 대한 불안정적 논리에 비하여 공동체주의는 특히 실천적 차원에서 정치사회화의 논리를 그대로 받아들이는 경향이 있다. 민주시민교육은 개인을 사회의 고정된 지위에 붙박아 놓는 어떤 형태의 정치교육도 배척한다. 하지만 이러한 민주주의 사회의 개방성에도 불구하고 지금까지 실시되어 온 민주시민교육은 전통적으로 통치계급이 자신들만을 위해 사용해 온 교육과 비슷하게 이루어지고 있다. 즉, 정치에 대해 이야기할 때 모든 사람이 통치할 수 있는 권리를 가진다고 말하면서도, 교육에 대한 논의에서는 특정한 사람만이 통치자가 되기 위한 교육을 받을 수 있는 능력을 갖고 있다고 말한다(Entwistle, 이해성 역, 1993: 120). 이것은 공동체가 지향하는 덕의 산출과 그에 대한 주도권을 전통적으로 기존의 다수집단이 결정하여 왔다는 의미이다. 따라서 덕으로 인정되어 온 정치문화 속의 여러 가지 가치는 그대로 전승되어 안정적인 사회 통합과 연대가 실현되게 된다. 공동체주의는 정치사회화의 기본 속성을 그대로 인정하면 덕의 실현에 불편함이 크게 나타나지 않는 논리를 담고 있는 것이다.

그러나 이런 공동체주의의 정치사회화에 대한 관점은 도덕적 정당성의 실현이라는 점에서 문제를 보인다. 주지하듯이 공동체주의자들은 보편선으로서의 덕을 존중하도록 교육한다. 따라서 전통적 권위에 대한 예의를 강조하게 마련이다. 학교에서는 교과서 위주의 정치사회화가 진행된다. 교과서는 전형적인 덕의 표상체로 간주되기 때문이다. 그러나 교과서는 사회적으로 우월한 집단의 관점을 투영할 가능성이 높다. 교과서의 권위가 지닌 도덕적 정당성은 인간의 본성적 도덕성에 대한 불신을 전제로 하므로 문제가 되는 것이다. 다시 말해, 우월집단 이외의 다른 집단이나 개인들의 도덕적 정당성은 원천적으로 부인되는 공동체 구성 논리의 문제가 발생하는 것이다. 자유주의와 공동체주의는 이론과 실천 차원에서 민주주의 헌정체제의 다문화적 실현 상황에 논리적 문제를 갖고 있는 것이다.

정치사회화의 실제 차원을 관찰해 보면 학교에서 어린이들은 물려받은 정치적 세계를 수용하나 그대로 반응하여 적응하는 것은 아니다. 어린이들은 정치적 세계를 재구성하기도 하며 그들 자신의 관점에서 다시 만들기도 한다. 결국 어린이들은 정치사회화를 통하여 기존의 정치문화를 기계적으로 재생산하는 것은 아니다. 그들은 다양한 정치적 정보와 지식을 중재자들로부터 습득하여 개별적인 정치적 구조를 형성하고 정치적 세계를 이해하게 된다(Palonsky, 1987: 500). 정치사회화의 실천 과정에서 이미 결정된 보편선으로서의 자유나 덕이 그대로 선택되거나 인정되는 것은 아니라는 점은 중요하다. 기존의 정치사회화 이론으로서 자유주의와 공동체주의의 이론적 한계에 대한 인식과 함께 새롭게 부각되고 있는 인정의 정치로서의 다문화주의에 대한 성찰 필요성을 제기해 주기 때문이다. 여기서는 정치사회화의 구성적 관점의 논리로서 다문화주의에 대한 숙고와 적용 가능성을 이론적·방법적 차원에서 검토하기로 한다.

Ⅲ. 다문화주의 정치사회화의 관점

다문화주의는 다수자에게는 포용을 추구하게 하고 소수자에게는 변환을 지향하게 하여 다수집단과 소수집단, 그리고 그 구성원들이 민주주의 헌정체제의 기본 이념에 따라 실질적으로 동등한 성공 기회를 보장받게 하는 사회구성논리이다. 다문화주의와 관련하여 중요하게 대두되고 있는 논점은 다수자의 관점인 국가 정체성과 소수자의 인정과 관련되어 있다. 다문화주의를 둘러싼 다양한 쟁점들은 기본적으로 국가의 경계를 어떻게 설정·강제할 것이며, 어떤 부류의 사람들을 그 구성원으로 인정할 것인가에 대한 입장과 연관된다는 점에서 국가 정체성에 대한 관념과는 불가분의 관계를 갖는다고 할 수 있다. 일반적으로 국가 정체성이란 국민들로 하여금 동일한 정치 공동체의 구성원으로서의 소속감을 불러일으키는 국민성(nationhood)에 대한 자기 인식을 일컫는다. 국가 정체성의 다양한 측면 가운데서 특히 중요한 부분은 정치 공동체의 구성원들을 어떻게 정의할 것인가, 다시 말해서 국민들이 동일하게 공유하는 특성은 어떠한 것이며 이러한 특성은 비국민과 비교하여 어떻게 구별되는가에 대한 관념이라고 할 수 있다(장승진, 2010: 107). 이러한 국가 정체성 혹은 국민성의 문제는 글로벌 다문화 상황에서는 조정을 필요로 한다.

글로벌 시대의 문화는 국가의 경계를 넘나드는 자율성을 가진다. 이를테면 국적이 한 사람의 문화까지 결정하지는 않는다. 국적이 달라도 같은 문화를 가질 수 있고, 국적이 같아도 다른 문화를 가질 수 있다. 국가는 사람들의 삶을 지배하는 하나의 울타리에 불과하다. 한 국가 울타리 안에 다양한 배경, 다양한 관점, 다양한 생활의 사람들이 함께 산다. 즉, 한 국가 안에 다양한 문화가 있다. 반대로 동일한 문화가 여러 국가에 걸쳐서 존재하기도 한다(조용환, 2008: 233). 따라서 국가 정체성은 다양한 문화를 통섭적으로 이해하는 국민성의 강하고 약함의 수준으로 이해하는 것이 다문화주의 정치사회화 과정의 방향이라고 본다. 단일한 국가 정체성으로는 다문화에 적응할 수도 없을뿐더러 국가나 국제사회에서 작동하는 능력 있는 국민성의 형성에도 긍정적이지 못하기 때문이다.

다문화사회에서 국가 정체성은 종족성(ethnicity)과 연계 이해되어야 한다. 종족성은 어떤 사람이 갖고 있는 문화적인 감각이다. 그것은 개인의 존재감뿐만 아니라 집단에의 소속감을 제공한다.

동일하거나 유사한 정체성(identity)을 가진 각각의 사람들과 자신을 같은 종족집단에 속해 있다고 본다. 따라서 정체성이란 집단 결속의 핵심이다. 정체성이란 강력한 결속력을 갖고 있으므로 종족집단들 간의 갈등 요인으로 작용할 수도 있다(Ritzer, 2010: 444). 국가 정체성이 단일성과 통합성을 주로 지향한다는 것은 국내사회의 종족성을 경시하고 국제사회의 대항 정체성을 불러일으키는 양상으로 전개될 가능성이 있으므로 다문화주의 정치사회화 과정에서 적정 수준의 정체성 조정과 형성이 필요하다.

이러한 정체성과 종족성 논의에 포함되어야 할 부분이 소수자(minority) 문제이다. 본래 소수자라는 용어는 미국과 같은 다인종, 다민족 사회에 적합하지만 한국 사회에도 사회적 약자로서의 소수자라고 불릴 만한 다양한 집단들이 증가하고 있다. 북한 이탈 주민, 장애인, 외국인 이주노동자, 결혼 이민자, 동성애자 등은 한국 사회의 변화된 양상을 보여주는 소수자들이다. 이들은 사회적 신분, 정신적·신체적 장애, 출신국가나 민족, 성적 지향 등의 측면에서 다른 집단과 구별되는 두드러진 특징을 갖는다. 동시에 정치적, 경제적, 사회적 권력으로부터 완전히 소외되어 있거나 열세적 위치에 머물러 있으며 지속적인 차별의 대상이 된다(윤인진 외, 2010: 45). 다문화 소수자들이 갖고 있는 고유한 문화 정체성이 기존의 다수자들이 누리고 있는 보편적인 시민 정체성과 충돌하여 갈등 양상으로 나타날 경우 사회적 긴장 상태가 유발될 수 있다.

한국 사회가 소수자들 간 혹은 다수자와 소수자 사이에서 흔히 발견되는 '다른' 것을 '틀린' 것으로 간주하여 '차이'를 '차별'의

구실로 삼으며, 사회 속의 다양성을 인정하고 존중하며 수용하지 않을 경우 프랑스에서 일어났던 무슬림 폭동이나 로스앤젤레스 (LA) 폭력 사태 등 사회의 근간을 흔들 수 있는 심각한 문제들이 촉발될 개연성이 있다. 따라서 다른 문화를 이해하고 포용하는 열린사회로의 전환이 요구되는 시점에서 다문화사회의 과제를 교육적으로 해결하는 노력에 관심이 쏠리고 있는 것이다. 한국 사회에 존재하는 다양한 문화를 인정하고 소수문화에 대한 차별을 해소하며 사회 통합에 기여하는 다문화교육이 필요한 상황이라는 데 공감적 합의가 도출되고 있는 것이다(안경식 외, 2009: 46). 이런 점에서 다문화주의 정치사회화의 논점은 설득력을 가질 수 있다.

최근 글로벌화가 진행되면서 국민국가의 정체성의 경계가 흐려지는 상황이 나타난 것은 사실이다. 하지만 올림픽이나 월드컵과 같은 세계적으로 공유된 관심사가 있는 시기를 보면, 국민국가의 정체성은 확고한 경계가 설정되기도 하고 흐려지기도 한다. 이것은 아직도 국민국가의 종족성과 정체성은 경계를 넘나들면서 고유의 영향력을 발휘한다는 것을 말해주는 것이다. 다만 글로벌화로 인하여 개인의 정체성은 젠더, 인종, 성적 성향 등에 따라 혼종화, 복잡화되는 경향이 강하다는 것은 인정되어야 할 부분이다 (Ritzer, 2010: 444). 결국 글로벌화와 다문화화가 동시다발적으로 진행되는 상황에서는 문화 정체성의 인정을 기반으로 개인, 집단, 지역, 국가, 세계 수준의 정체성을 균형 있게 조정해내는 다문화주의에 대한 숙의와 검토, 적용이 필요하며, 정치사회화 과정에서의 수용이 요청되는 것이다.

11. 다문화주의의
수용과 한계

Ⅰ. 글로벌 현상으로서의 다문화

우리들에게 일상적인 의미로 다가온 이주의 시대 다문화화는 글로벌 현상이다. 국제적 소통체계의 급속한 발달은 경제와 기술의 이동에서뿐만 아니라 다양한 형태의 사회적 미디어(social media)에 의한 의식 공유 및 문화 접속으로 나타나 고유문화와 디아스포라들의 사회문화적 영향력을 증가시키고 있다. 이런 현상은 글로벌 다문화로 통칭될 수 있으며 사회적 효율성을 토대로 하는 시민 형성 교과로서의 사회과교육에 새로운 전환적 관점을 요청하고 있다. 전통적인 국민국가라는 경계 속의 시민교육으로는 국가 내부의 애국적 정체성을 지속적으로 유지해 나가기 어려울 정도로 문화 다양성에 대한 성찰이 필요한 다문화사회가 도래하고 있는 것이다.

2010년 기준 한국 거주 외국인은 124만 명에 달한다. 외국인 근로자가 55만 명으로 가장 많고, 결혼 이민자 14만, 결혼 이민자 가정 자녀 10만, 북한 이탈 주민 2만, 귀화 및 국적회복자 6만 5천, 화교 2만 7천, 불법체류자 17만, 기타 유학생 등으로 구성되어 총 인구 대비 2.5%를 점하고 있다. 현재 인구통계학적 추세를 보면 2020년에는 5%, 2050년에는 10% 수준에 도달할 것으로 추정된다(법무부, 2010). 다문화사회를 복수의 인종 혹은 문화가 한 사회, 특히 한 국가 내에 공존하는 상황을 가리키는 것으로 볼 때(홍원표, 2008: 91) 우리나라도 가시적으로 다문화화되고 있는 것으로 해석할 수 있다.

이러한 국내적 다문화화는 글로벌화와 연결되어 있다. 글로벌화는 지구적인 것과 지역적인 것의 상호작용을 강요하며 빈번하게 한다. 여기서의 지구적인 것은 이주, 문화 산업과 같이 지구화와 연합되어 있는 공간적으로 확장된 사회적, 문화적 힘을 말하며, 지역적인 것은 종족, 언어, 종교와 같이 소규모의 지리적으로 제한된 전통과 삶의 방식을 지칭한다(Smith, 한국문화사회학회 역, 2008: 388). 글로벌화는 둘 간의 접속 빈도를 가속화시키고 있으며 연대와 갈등이 동시에 발생하여 동종화(homogenization)와 함께 혼종화(hybridization)의 경향이 진행된다.

각각의 소수이주 문화집단 구성원들은 한국 사회의 광역문화 혹은 다른 협역문화에 동종화되거나 문화 정체성을 유지하여 하나의 협역문화를 형성하면서 혼종화될 수 있다. 먼저 주목해야 할 부분은 둘 이상의 다른 문화적 상황에서 변화를 수용하고 발전적으로 적응하는 능력을 가진 개인이다. 이들은 이중 문화적 혹은 다문화적이거나 이중 언어적 혹은 다언어적인 경계 혼종자(border crosser)가 되어 복수의 문화집단에 참여하기 때문에 혼합된 패턴에 따라 행동하고, 믿고, 평가하고, 인식하는 다양한 문화 체계를 형성하기 마련이다(Gollnick & Chinn, 2006: 24).

문화 혼종화의 경우 국민국가 내부의 사회적 연대와 통합을 약화시킨다는 우려를 갖게 할 수 있다. 기어츠(Geertz, 1973)는 문화는 인간이 사회세계에 만들어 낸 유의미한 상징적 기호들로 의미의 망으로 표현되며, 인간은 의미의 망 속에서 생활하고 존재하는 것으로 본다(p.5). 따라서 혼종화로 인한 의미의 망이 많아질수록 서로 다른 기호의 혼재로 인하여 갈등과 분리의 가능성이 커질 수 있는 것이다. 결국 문화 다양성의 증가는 사회 구성원으로서의 시민형성에 직접 관여하는 사회과 시민교육에 대한 새로운 이론적 관심, 실천, 숙의 과정을 심화 확대시키는 요인으로 작동하게 되는 것이다.

물론 문화 동종화의 경우에도 혼종화보다 상대적으로 덜하지만 문제가 없는 것은 아니다. 그것이 소수문화 간 융합이든 다수문화로의 통합이든 또 다른 형태의 숨어 있는 편견과 차별로 이어질 수 있다. 문화의 생산과 수용은 구체적인 맥락 안에서 일어나기 때문에(Smith, 한국문화사회학회 역, 2008: 284) 문화가 표상하는 상징적 의미들은 정치화되어 시민들에게 조작적으로 작동될 수 있다. 이 점에서 사회적 소수자들은 고립을 자초할 수 있기 때문에 함부로 우월집단의 문화적 맥락에서 벗어나기 어려울 수 있다. 즉, 소수이주집단과 그 구성원들은 겉으로만 다른 우월적 문화집단에 동종화될 수 있으므로 잠재적인 갈등과 분리의 요소는 언제든지 드러날 수 있는 것이다.

다문화화로 인한 차이에 의한 차별은 새로운 양상으로 전개되기도 한다. 우리나라의 이주 정책과 다문화 시민교육은 결혼 이민자에 집중되는 경향이 강하다. 다문화 시혜 정책의 측면에서 보면 북한 이탈 주민에 대한 지원이 가장 많은 것으로 보이나 인구증가율의 정체와 인구감소 현상에 따른 국가경제의 성장과 국력 요소의 변화 추이를 고려할 때, 가장 활발한 관심과 대책 지원은 결혼 이민자 가정과 그 자녀에 관한 것으로 판단할 수 있다. 그러나 여기서 문제가 되는 것은 소수자 집단 내부의 소수자 간 이중 차별이다. 외국인 근로자, 결혼 이민자, 북한 이탈 주민, 국적회복자, 화교, 유학생 등 소수집단들 간의 차이를 정책적 차별로 연계시키는 것이 일차적 차별이라 한다면, 결혼 이민자 중 한국 여성과 외국 남성 결혼 이민자에 대한 무관심 혹은 경시와 외국인 근로자 중 불법 체류 외국인 근로자에 대한 잠정적 인정과 의도적 검거 등은 이차적 차별로 볼 수 있다.

글로벌 이주 현상으로 인한 문화 다양성의 증가와 경계의 확장은 주류 다수자의 광역문화와 이주 소수자의 협역문화 간 갈등, 소수문화집단들의 서열화, 소수집단 내부의 소수자들에 대한 무관심 등 새로운 사회적 과제들을 생성시키고 있다. 이러한 과제들은 국민국가의 사회적 통합과 연대, 가치의 배분, 차이와 정체성의 인정 차원과 연계되어, 전통적으로 민주주의 사회를 운영하기 위한 시민교육 교과로 여겨져 온 사회과의 기본 운영 원리들에 대한 재검토와 재해석을 요청하고 있다. 요컨대 국내와 국제사회의 글로벌 다문화화 경향의 심화는 사회적 효율성(social efficiency)을 교과 정체성의 모토로 갖고 있는 사회과 시민교육의 변화를 추동하고 있는 것이다.

사회과는 개인과 국가사회에서 일상적으로 발생하는 시민생활과 관련된 인간관계를 민주주의 원리에 따라 조망하고 구체적인 수업 국면으로 실행하는 교과이다. 따라서 개인의 자유(freedom)를 우선하는 자유주의와 국가사회의 덕(virtue)을 강조하는 공동체주의 철학이 사회과 시민교육의 토대 이론으로 적용되어 왔다. 그러나 글로벌 다문화화에 따른 경계 혼종자들과 다양한 문화집단들의 전면으로의 등장은 다문화주의라는 새로운 사회과 운영 원리에 대한 성찰을 필요로 하고 있다. 특히 다문화사회의 교육을 의미하는 다문화교육의 중심교과로 간주되는 사회과에서 다문화교육의 철학적 기반인 다문화주의를 검토하는 것은 필수적인 일이라 생각된다. 이런 관점에서 본고는 글로벌 다문화 현상을 전제로 다문화주의의 이론적 정체성을 자유주의와 공동체주의와의 상호 논쟁 관점에서 비판적으로 접근하여 규명하고, 한국 사회과에서의 적용 가능성을 보편선(common good)으로서의 문화와 함께 가치 배분, 사회 통합, 차이 인정의 측면에서 다루고자 한다.

Ⅱ. 다문화주의의 이론적 정체성

인간은 지각된 것의 실재에 맞추어 행동하며, 문화로부터 독립되어 존재하는 '있는 그대로의' 실재란 없다. 실재를 지각하고 그것을 조직하는 수많은 방식은 각 문화마다 특수한 것으로 인류 공통의 보편적인 것이 아니다(Rosaldo, 권숙인 역, 2002: 305~306). 따라서 다문화란 실재를 지각하는 문화 렌즈(cultural lens)의 많음을 의미하며, 다문화사회를 규정하는 철학적 논리로서 다문화주의(multiculturalism)는 실재의 문화 구속성에 주목하여 인간의 다양성을 문화적 양상으로 인정해야 한다는 것으로 볼 수 있다.

이처럼 다문화주의가 문화 다양성에 대한 인식을 주장한다는 점에서는 공통된 동의가 존재하지만 어떤 관점에서 다문화주의에 접근하는가에 따라 여러 가지 정의가 나타날 수 있다. 문화 다양성에 대한 해석과 실현 과정은 역설적이지만 국민국가라는 경계와 연계된 글로벌 상황에 따라 달라질 수 있는 것이다 여기서는 이념으로서의 다문화주의, 정책으로서의 다문화주의, 소수자 인정으로서의 다문화주의로 나누어 정의하고 이론적인 쟁점을 도출하기로 한다.

첫째, 이념으로서의 다문화주의는 다원적 사회의 젠더, 종족, 인종, 문화 다양성을 전제하는 철학으로서의 위상과 교육적 동등성을 추구하려는 사회개혁운동으로 볼 수 있다. 다문화주의는 민주주의 헌정체제가 지향하는 자유와 평등의 구체적 실현이라는 관점에서 종족적, 문화적 다양성을 확보하고 향상시켜 나가려는 이념으로 정의할 수 있다(Grant & Ladson-Billings, 1997: 182 참조). 이러한 민주주의 정교화 원리로서의 다문화주의는 문화 다양성의 동등하고도 자유로운 보장을 자유주의란 명분으로 해석하여 우월 주류집단 문화로의 동화주의에 빠질 수 있다. 또한 다문화라는 이름으로 또 다른 경계를 만들어서 사회적 연대를 침해할 수 있으며, 사회적·경제적 불평등을 은폐하거나 개인성을 침해할 가능성도 있다(김창근, 2009: 23). 정치사회인 구조적인 문제점들을 소수문화집단 자체의 문제로 전가하여 다수자와의 경계 짓기와 소수자들의 인권 침해를 초래할 수 있는 것이다.

둘째, 문화 다양성 문제에 대하여 국민국가가 대응하는 정책으로서의 다문화주의는 호주, 캐나다 등에서 주로 발전된 방식이다. 민족적 다양성을 인정하고 개인들이 자신의 고유한 문화를 유지할 수 있도록 보장하는 것이 헌법 원리와 사회의 이념과 합치하며, 사회적 갈등을 감소시키는 데 도움이 된다는 생각이다. 문화적 다양성과 사회적 통합을 조화시키려는 시도라고 할 수 있다(한경구, 2008: 93~94). 이것은 현실적인 정치적 이유에 의해서 다문화주의가 등장했다는 견해이다. 정치사회적 관점에서 다문화주의에 대한 논의는 필수적이며, 다문화주의는 소수자들의 사회적, 문화적, 언어적, 종교적 실천 기제와 관련되어 있으므로 공공정책에의 적용 차원에서 접근해야 한다는 논리이다(May, 2009: 34). 이때 다문화주의는 좁은 의미에서 이주 문제에 대한 적절한 해법을 모색하려는 시도라고 볼 수 있으며, 넓은 의미에서 현대 사회가 평등한 문화적, 정치적 지위를 가진 상이한 문화집단을 끌어안을 수 있어야 한다는 믿음으로 정의할 수 있다(한경구, 2008: 89). 이러한 입장에서 다문화주의를 규정해 나갈 경우의 문제는 국내와 국제사회의 정치사회적 환경 변화에 따라 언제든지 다문화주의에 대한 정의와 관점이 달라질 수 있다는 것이다. 다문화주의는 철학이나 이론이라기보다 필요에 따라 활용되는 정치적 도구가 될 가능성이 큰 것이다.

셋째, 소수자 인정으로서의 다문화주의는 다양한 문화 주체로서의 소수자의 특별한 삶의 자유와 권리 보장을 위한 정체성의 정치, 혹은 정체성 인정의 정치를 뜻하는 것으로 규정할 수 있다(오경석, 2007: 25). 소수집단의 문화 정체성을 존중한다는 것은 달리 보면 그 집단은 다른 사람들에 대해 배타적일 수 있다는 뜻이다. 각 집단마다 배타성이 없으면 그 집단은 자기 정체성을 유지하기 어렵다. 각 집단마다 보다 우월한 정치적 발언권을 가지려하고 그럴수록 자기 정체성을 굳건히 방어하려 한다(전경숙, 2010: 49~50). 따라서 문화 정체성의 형성은 집단 간 투쟁의 결과로 볼 수 있다(홍성민, 2008: 71). 이런 관점에서 다문화주의를 정의하면 문화적 원심력에 의해 국가 통합과 사회적 연대 의식이 약화되거나 극단적일 경우 분리 운동의 논거를 제공할 수도 있다. 또한 소수집단의 결속성을 강조한 나머지 집단 내부의 개인의 자유가 침해될 가능성도 있다. 인정의 정치가 자기집단 우월주의 혹은 배타적 독립주의, 개인성의 경시 등의 부작용을 낳을 수도 있는 것이다.

위와 같이 다문화주의는 자유와 평등의 동등한 실현, 공정성과 형평성의 실제적 구현, 문화적 권리의 구체적 보장, 사회적 소수자들에 대한 적극적 관용, 문화집단 간의 소통과 평화적 공존을 강조하는 철학적 기반을 갖고 있다. 그러나 다문화주의 정의에 대한 비판적 검토에서 알 수 있듯 소수집단 내부의 소수자로서의 개인, 사회적 통합과 연대, 다문화 정체성의 인정이라는 측면에서는 언제든지 이론적 차원의 쟁점과 현실적 문제들이 나타날 수 있다. 특히 소수자의 개체성에 관하여는 자유주의, 사회적 통합은 공동체주의, 문화 정체성은 자유주의와 공동체주의 관점에서의 문제제기가 가능하다.

자유주의는 노직(Nozick, 1974)의 말대로 어떠한 사회적 실체도 없으며 오직 구체적인 개인만이 있을 뿐이며(p.32), 따라서 어떤 형태의 공동체적 공유는 있을 수 없고 절대적인 자율성을 가진 개인만이 존재한다고 주장한다. 이러한 원칙은 롤스(Rawls)에 의해 약간의 수정을 거쳤으나 여전히 자유주의의 본질은 개체성에 근거한 자유의 우선성이다. 롤스는 사회적 기본 가치들의 분배 원칙은 자연 상태와 유사한 원초적 입장과 무지의 베일 속에서 합당하게 도출된 정의의 원칙들에 의해서 이루어지면 공정하다고 본다. 제1원칙은 개인들은 자유적 체계와 그에 양립할 수 있는 모든 사람들의 체계에서 동등한 기본적 자유를 위한 평등한 권리를 가져야 한다는 것이며, 제2원칙은 사회경제적 불평등은 최소 수혜자에게 최대 이득이 되며, 모든 사람들이 공평한 기회균등의 조건 아래 개방된 직책과 지위에 접근할 수 있도록 조정되어야 한다는 것이다. 이러한 정의의 원칙들은 자유의 우선성 규칙과 효율성과 복지에 대한 정의의 우선성 규칙에 의해서 축차적으로 서열화된 다(Rawls, 1971: 302~303).

즉, 롤스의 불평등은 최소 수혜자에게 최대 이득이 되는 범위 내에서 허용된다는 아이디어에 의해 자유주의가 공동체주의적인 공유된 자원의 분배 요소를 가지기는 했으나 언제나 개인의 자유 가 우선되어야 하고 자유는 동등한 기회보다 선행한다는 자유주 의의 본질은 그대로 유지된다. 비록 개인들의 자기 결정과 합당한 선택에 의한 동등한 기회를 보장하여 절차적인 분배적 정의를 실 현했다 하더라도 여전히 자연적 재능과 사회적 환경의 차이 문제 는 남는 것이다. 차등원칙에 의해서 자연적 운에 의한 보상을 최 소 수혜자의 기대를 충족시키는 것으로 정당화할 수는 있어도 이 것이 도덕적 임의성에서 연유하는 동등한 기회의 불안정성을 보 완하지는 못한다(Kymlicka, 1992: 58). 결국 개인의 자유에 바탕 을 둔 자기 결정과 합당한 선택이 가장 중요한 사회적 가치들의 배분 원칙으로 작동하게 되는 것이다.

이러한 자유주의 관점에서 보면 다문화주의의 한계는 분명하 다. 다문화주의는 소수문화집단의 권리를 강조하므로 소수집단 내에 존재하는 또 다른 소수자들인 여성, 어린이, 인종, 종족에 대 한 차별을 묵인하거나 정당화하는 논리로 작용할 수 있다. 소수집 단에의 몰입은 자유주의가 주장하는 개인의 자기결정권과 합리적 인 선택에 의한 행동의 자유를 침해할 수 있으므로 다문화주의는 자유주의와 결별할 수밖에 없다는 논리가 성립될 수 있는 것이다.

자유주의자들이 보기에 다문화주의의 집단 자율성 존중은 소수집단 내부의 소수자로서의 개인 자율성에 대한 심각한 침해 요인이 될 수 있으며, 실질적인 문화 정체성에 대한 인정은 개인적 차원의 동등한 기회 보장 원칙에 어긋나는 것이다. 즉, 아이러니하게도 다문화주의는 가치 배분에 있어서 불공정한 차별의 논리로 여겨질 수 있는 것이다.

공동체주의의 연원은 자유주의보다 깊지만, 최근 공동체주의에 대한 논의는 자유주의 비판으로부터 철학적 이론으로서의 실체를 담지하고 있다. 먼저 공동체주의는 자유주의가 개인과 사회의 관계를 잘못 이해하고 있다고 비판한다. 자유주의는 개인들이 살고 있는 사회가 개인들이 가지고 있는 가치와 개인들 자체까지도 규정한다는 점을 무시한다는 것이다(Mulhall & Swift, 1997: 13). 개인은 사회적 정체성의 소유자로서 환경에 접하고 있으며(MacIntyre, 1981: 204), 따라서 공동체주의의 보편선으로서의 덕은 개인들의 선호에 의한 선들을 평가하는 준거가 되어 공동체의 생활방식을 규정하는 실질적인 선에 대한 개념으로 간주된다(Kymlicka, 1992: 206~207). 자유주의자들이 주장하는 개인의 자율성이나 자기 결정, 합당한 선택, 정의의 원칙들을 만들어 내는 직관적 성격의 원초적 입장이나 무지의 베일 등은 공동체의 질서 체계 속에서 비로소 역사적, 공간적 유용성과 의미를 획득한다는 논리이다.

국가사회적인 공동체의 성격에 대하여 자유주의자는 비완벽적인 중립성을 주장하며 개인의 자유가 우선하는 얕은 공동체(shallow community)만을 용납하고자 한다. 왜냐하면 공동의 합의가 총체적 선의 수준까지는 침투하지 않기 때문이다. 이에 반해서 공동체주의자에게 있어서는 인간적 선에 대한 공유된 입장에 의해 정보와 지침이 주어지는 공동체가 진정한 인간의 자아실현을 위해 필수적으로 보는 깊은 공동체(deep community)를 주장한다(황경식, 1999: 9~10). 중립적인 최소국가보다는 사랑과 우정 같은 덕에 의한 공동체의 질서 체계 개입을 선호하는 것이 공동체주의이다. 공동체주의는 가상의 절차에 의해 생성된 정의의 원칙에 의한 가치 배분은 불완전하며, 전통적으로 공유되어 온 덕의 실행에 의해 사회 통합과 연대에 도달하는 것이 모든 사람들에게 좋음을 제공할 수 있다는 주장을 편다.

공동체주의는 자유주의보다 다문화주의와 가깝다. 자유주의는 절차적 정당성을 획득한 결론이 다른 방식으로 조직된 사회에의 적합성 여부를 가리지 않고 교차문화적으로, 도덕적으로 정당하다고 판단한다. 자유주의자들의 정의는 어떤 사회에서도 적용 가능하다는 것이다. 이에 대해 공동체주의는 다른 문화에는 다른 가치가 적용될 수 있다고 보며, 따라서 자유주의는 문화적 특수성에 주의를 기울이는 데 실패했다고 말한다(Mulhall & Swift, 1997: 18~19). 그러나 여기서 공동체주의의 문화적 특수성 인정이란 공동체의 연대와 통합 의식에 기여한다는 전제에 의해 제한된다. 다문화주의의 소수자들의 문화 정체성 권리 주장과는 질적 수준에서 차이가 나는 것이다. 공동체주의가 다문화주의와 마찬가지로 문화상대주의 입장을 표명하고 있으나 그것은 공동체 간의 문제이고, 공동체 내부의 다문화로 인한 균열에는 반대한다. 따라서 국민국가 내의 소수집단과 소수자들의 문화적 권리 인정에는 소극적일 수밖에 없다. 공동체주의에서의 다문화는 사회적 통합을 지향하는 덕에 의해 규정되는 것이다.

이처럼 자유주의와 공동체주의는 다문화주의가 주장하는 문화 정체성의 인정과 소수자들의 실질적 동등성 보장에 비판적 입장을 갖고 있다. 자유주의는 소수문화집단의 정체성 인정이 개인의 자기 결정권과 자율성을 침해할 수 있다고 보며, 공동체주의는 정치 공동체에서 다수의 의견을 중심으로 한 일체감 형성을 강조하는 경향으로 인하여(김창근, 2009: 29) 소수자들의 문화 정체성 인정에 소극적이다. 이에 대한 다문화주의의 주요 논점은 문화의 집단화 속성이 소수집단 내부의 소수자들의 개체성을 침해하는가의 문제와 문화 정체성의 적극 인정이 과연 국민국가라는 정치 공동체의 통합과 연대에 불안정 요소를 제공하는가의 문제이다. 먼저 자유주의와 공동체주의의 다문화주의 비판 논점이 정당한 이론적 진영을 현실 세계에 구현해 내기에 충분한가의 문제부터 살펴보기로 한다. 자유주의와 공동체주의가 자체 논리로부터 다문화주의를 온전히 비판할 수 있는가를 알아야 다문화주의의 이론적 정체성에 접근할 수 있기 때문이다.

역설적이지만 자유주의는 본래의 주장과는 달리 사회적 강자들의 문화를 우월적인 것으로 용인하는 결과를 초래하며 그들의 집합체인 주류문화집단의 연대를 강화시켜 준다. 사실상 어디서나 개체성의 침해가 실제 일어남에도 불구하고 자유주의는 이것을 외면하는 이론적 약점을 갖고 있다. 자유의 우선성 논리에 의해 사회적 강자들이 '그들만의 진리판단 기준'을 가지고 내부적 연대와 통합을 지속시켜 나가면 반사적으로 소수문화집단들의 결속이 가속화, 심화되는 것은 자연스런 현상이다. 결국 자유주의의 다문화주의 비판의 주요 논점인 소수집단 내부의 소수자들의 자유 혹은 개체성 침해가 자유주의에 의해 실제로 발생한다는 역비판에 처하게 되는 것이다. 또한 현실 세계에서는 사회적 통합과 연대에 균열을 초래하는 중요한 요인이 사회적 강자의 논리가 통용되는 자유주의 적용 과정에서 드러나는 것이다.

위의 논리는 공동체주의에도 유사하게 적용될 수 있다. 사랑과 우정으로 뭉쳐진 전통적 덕의 사회는 견고하다. 문제가 되는 것은 역사문화적으로 공동체 내부의 덕을 규정해 온 다수우월집단과 그 속의 개인들은 언제든지 현실 세계에서 독과점적 기득권을 행사할 가능성이 여타의 소수집단이나 그 속의 개인들보다 크다는 점이다. 따라서 전통적으로 존재하는 다수우월집단의 '그들만의 진리판단 기준'에 의해 공동체의 소수집단, 혹은 공동체 구성원으로서의 소수자들은 타자화되어 주변부에 머무르는 차별을 감내할 수밖에 없는 것이다. 이런 점에서 공동체주의가 아무리 사회적 통합과 연대를 덕에 의해 이룬다고 주장하더라도, 사랑과 우정이라는 덕의 편식 현상은 또 다른 사랑과 우정으로 형성된 집단과 개인을 만나게 될 수 있다.

자유주의의 개인의 자유 우선성과 공동체주의의 사회의 덕 우선성은 각각 개인의 자기 결정에 의한 기회의 균등한 보장과 우애로 형성된 평등한 사회 세계를 구성해 내기에는 이론적·현실적 상황에서 역부족이다. 물론 자유주의와 공동체주의 입장에서의 비판처럼 다문화주의는 속성상 문화적 원심력에 의한 분리와 균열의 가능성을 갖고 있다. 또한 정체성 집단은 개인적 가치들을 강제하려고 시도할 수도 있다. 그러나 정체성 집단은 민주주의 가치와 일치하는 목표에 도달할 수 있도록 개인을 지원할 수 있으며 따라서 개인의 자유를 확장해 나갈 수도 있다(Banks, 2008: 130). 문화 정체성을 강조하는 소수집단들은 집단이 추구하는 정치적, 문화적, 경제적 목표에 기여하도록 집단 내 개인들에게 요구할 수 있는 동시에 개인의 시민적, 문화적, 분배적 자유의 성취에도 관심을 갖고 있는 것이다. 개인들의 권리를 옹호하지 않는 소수문화 집단이란 민주주의 가치와 부합하지 않을뿐더러 집단의 지속적 존재와 활동에도 부정적인 영향을 미칠 것이 예상되므로 개인 위에 군림하는 집단적 자율성은 한계가 있는 것이다. 같은 맥락에서 소수집단의 공동체에 대한 부정적 공격성은 절제될 수 있다. 문화 정체성 집단의 자율성은 내부와 외부에서 개인과 다른 집단들로부터 인정을 받는다는 전제에서 작동되는 것이 현실 세계의 상황이기 때문이다.

위와 같은 다문화주의에 대한 정의와 이론적 비판을 상호 논쟁의 관점에서 볼 때, 다문화주의는 '다수로부터의 하나'(out of many, one)라는 민주주의의 정교화 논리를 현실 세계에서 실현해 내는 재현 논리를 담고 있다. 개인과 집단, 국가 정체성 형성에 대해 균형된 논리를 견지하고 있으므로 어느 이론 체계보다 유용한 적용 상황을 민주시민사회에 만들어 낼 가능성이 크다고 할 수 있다. 소수집단과 소수자들이 기존의 주류문화집단과 사회적 강자들이 독과점해 온 '그들만의 진리판단 기준' 모임 담론에 참여하고 사회적으로 안전한 소수문화집단의 망을 형성한다면, 이들이 사회적 연대와 통합 혹은 집단 내부의 개체성에 해악을 끼칠 가능성은 현저히 줄어든다. 소수자들은 그들이 가진 집단 내부의 문화 정체성의 안전한 인정에 대해 자존감을 가질 것이며, 이것은 현실 세계에서 구성적으로 표현되어 통합과 연대, 자유와 정체성 보장에 기여하게 되는 것이다.

III. 다문화주의의 사회과적 해석

사회과의 교과 정체성을 시민교육으로 본다면 다문화사회의 시민교육은 기존의 자유주의와 공동체주의 시민교육을 넘어 서는 확장된 관점에서 진행되는 것이 타당하다. 자유주의 시민교육은 자유의 입장에서 정의로운 가치 배분 절차에 관여하고, 공동체주의 시민교육은 덕의 입장에서 국민국가의 통합과 연대에 기여하는 논리를 제공했다는 점은 분명하다. 그러나 새롭게 등장한 사회과교육의 전환 논리로서의 다문화라는 관점은 문화 정체성에 연유하는 차이의 인정을 강하게 요청하고 있다. 다문화사회는 자유와 덕이 우선시되는 사회가 아니며 문화가 자유와 덕을 포용하는 사회 변화를 일구어 내고 있기 때문이다.

자유주의 시민교육은 내재적 모순으로부터 문제점이 나타난다. 자유주의 이론에 기초한 가치와 자유주의를 유지하는 행동을 주입시킬 목적으로 의무적 시민교육이 제공되는 것이(Brighouse, 1998: 719) 현실 세계이다. 자유주의의 개체성의 극대화와 국가 중립성은 여지없이 훼손될 수 있다. 무엇보다도 자유주의는 애국심, 사랑, 우정과 같은 정감적 공동체를 산출하는 데 실패하여 왔다. 이런 점에 착안한 공동체주의는 지나친 개인주의를 극복하는 본질적인 수단으로서 인간을 확장적 존재(expansive being)로 만드는 사랑과 우정을 제시한다. 덕에 기초한 공동체주의 시민교육은 개체성과 공동체를 위한 요구가 변증법적으로 결합되는 시민의 형성을 목적으로 한다는 점에서 자유주의보다 진일보한 관점이다(김용민, 2002: 108~109 참조). 그러나 공동체주의의 오랜 속성은 청소년에 대한 교육은 정치체계에 적합한 것이어야 한다고 말한다(Aristotle, trans. Lord, 1984: 229). 그것이 공동체적 전유로서의 덕과 일치하기 때문이다. 공동체주의는 단일성과 통합성에 기여하는 시민 형성에 집착하여 다양성의 인정에는 망설이는 경향이 강하다. 사랑과 우정은 또 다른 사랑과 우정을 만나는 '다름'을 꺼려하는 것이다.

자유주의 시민교육은 개인의 시민적 자유와 다원주의 사회의 형성, 기본권의 신장에 기여해 왔으며, 공동체주의 시민교육은 개체 몰입적이며 사회적 강자의 자유에 유리한 자유주의의 결함을 덕으로써 완화시키고 공동체 생활에 풍요롭게 참여하는 확장적 인간의 형성을 제시하였다는 점에서 유용성을 갖고 있다. 그러나 새로운 형태의 시민사회로서의 다문화사회에서 요구하는 민주주의 신조 가치로서의 자유와 평등에 대한 재해석, 실질적으로 동등한 기회균등, 개인-사회-국가 정체성의 균형, 문화 간 연대에 의한 통합 측면에서는 이론적 적합성을 확보하지 못하고 있다. 이에 비하여 다문화주의 시민교육은 문화를 보편선으로 간주한다. 문화는 자유, 중립성, 사랑과 우정, 덕을 구체적으로 표상해 낼 수 있는 이론적·현실적 유용성을 제공한다. 오래되었으나 새로운 용어로서 문화 시민(cultural citizen)이란 개인성이 현실 세계에서 고양되어 사랑과 우정을 이웃과 지역 사회, 국가와 세계 차원에서 나눌 수 있는 사회 구성원을 뜻한다. 문화 정체성으로 자존감을 확보한 다양한 집단 속의 다양한 개인은 다른 사람이나 집단과의 차이를 인정하고 함께 공감하는 형평성을 가진 민주주의 사회의 문화 시민이 될 수 있다. 다문화주의의 모토로서 '다수로부터의 하나'라는 민주주의 헌정체제의 기본 논리는 가치 배분, 사회 통합, 차이 인정의 기제로서 그대로 작동되어 민주시민교육에 적용 가능하다. 이런 점에서 자유와 덕은 문화 속에서 의미를 획득하게 되며, 다문화사회의 시민교육은 다문화주의로부터 이론적 토대를 갖출 수 있는 것이다.

여기서 주목해야 할 점은 한국 사회에 적용되고 있는 다문화주의의 성격이다. 위와 같은 의미의 다문화주의가 과연 그대로 한국 사회에 적용되고 있는가의 문제는 다문화주의 시민교육의 방향을 가늠하게 해주기 때문에 중요하다. 현재 한국 사회의 다문화주의는 분리와 통합의 다문화주의라고 칭할 수 있다. 이것은 속인주의를 채택하고 있는 한국의 이민 정책에서 연유한 것으로도 볼 수 있으나 기본적으로 동화주의가 필요한 한국적 상황에서 비롯된 것으로 해석할 수 있다. 북한과의 관계 설정과 통일 혹은 민족 통합이라는 특수 상황에서 다문화로 인한 사회적 갈등과 분열 양상은 지금까지의 지역 갈등 및 세대, 젠더, 계층 간 갈등도 충분히 해결해 내지 못하고 있는 현실에서 감내하기 어려운 일이며, 또한 사회적 역량에도 미치지 못하는 과제일 것이다. 따라서 소수 이주자 집단들을 다문화주의에 따라 동일한 차원에서 포용하기 어려운 것이 사실이며, 소수자 집단 내부의 또 다른 소수자들에 대한 관심과 배려는 더욱 어렵게 될 수도 있다.

그러나 한국 사회의 기본 운영 원리가 민주주의 헌정체제라는 것을 생각하면 위의 특수 상황으로 인한 다문화주의의 한계는 극복되어야 할 과제임이 분명하다. 민주주의의 기본 원리인 형평주의(egalitarianism)는 모든 사람들이 사회, 정치, 경제적 권리를 공유한다는 신념이다. 즉, 모든 시민은 표현의 자유가 있으며 권력은 집단들 간에 공유되어야만 하고, 국가의 어떤 집단도 지속적으로 사회, 정치, 경제, 문화생활에서 우월할 수 없으며, 국가는 완벽하지는 않지만 시민참여를 광범위하게 허용해야 하고, 좀 더 발전된 형평사회를 향해서 꾸준히 나아가야 하며, 민주주의에서 시민은 고유의 역사와 경험에 기초한 많은 관점을 수용할 수 있어야 하고, 정책에 관하여 두려움 없이 자유롭게 의사소통하며 비판할 수 있어야 하고, 동시에 민주시민은 좀 더 넓은 공동체의 이익에 관심을 가져야 하고, 이를 위해 개별적인 자유 이상의 것에 기여할 수 있어야 한다(Gollnick & Chinn, 2006: 33). 이러한 민주적 형평주의의 실현은 다문화주의의 실현과 동일한 논점을 가진다.

한국 사회에서 다문화주의에 기반을 둔 사회과 시민교육은 가능성과 한계를 동시에 내포하고 있다. 민주시민교과로서 사회과는 원칙적으로 민주주의 헌정체제를 그대로 실행하는 다문화주의 시민교육을 형평주의 관점에서 지향해 나가야 한다. 하지만 자유주의와 공동체주의 시민교육의 실행에도 불구하고 시민적 자유와 분배적 정의, 사회적 통합과 연대가 미비한 상황에서, 문화 정체성의 인정 혹은 차이의 인정이라는 다문화주의 시민교육을 자유와 덕을 포용하는 문화라는 보편선을 앞세워 전면적으로 적용하기에는 무리가 있다. 예를 들면, 소수이주집단의 소수자들에게 시민권과 공정한 가치 분배가 부여되지 않은 상황에서 문화 정체성 인정을 통하여 함께 살자고 말하는 것은 제한되거나 위장된 다문화주의 시민교육 논리가 될 수 있다. 문화가 자유와 덕을 포괄하거나 선행한다는 의미는 민주적 형평주의의 전면 실행을 뜻하므로 한국 사회과에서의 다문화주의 시민교육은 일정한 한계를 가질 수밖에 없는 것이다.

물론 일반적인 국면에서 다문화주의에 기초한 사회과 시민교육은 문화 다양성을 존중하고 인식해야 한다는 것, 어린이들이 자기 종족 중심적 역사관을 가지지 않아야 한다는 것, 인종·젠더·계층에 대한 관점은 역사적 설명의 장이 필요하다는 것, 학교는 학생에게 서로 서로 존중해야 한다는 것을 가르쳐야 한다는 것, 그들 간의 차이를 나타내주는 관습·종교·언어를 이해하게 하는 것,

그리고 그들의 차이에 대한 존중을 가능하게 해주는 시민 정신이 작동하게 한다는 것이라는 점에 의견을 같이한다(Sewall, 1996: 49). 문제가 되는 것은 다문화주의 시민교육에 반영되어야 할 성적 소수자로서의 동성애자, 양심[종교적 신념]에 따른 병역 거부자, 소수이주집단 내부의 소수자로서의 한국계 외국인 여성, 반한 단체에 가입하여 활동 중인 외국인 근로자의 사례 등의 관련 주제가 사실상 사회과교육에 도입될 수 없다는 것이다. 이것은 다문화주의 시민교육이 사회과에 전면적으로 구체적으로 적용되기 어려운 한국 사회의 특수성을 말해주는 분명한 현실이다.

이러한 한국 사회의 상황이 함의하는 것은 모순된 논리처럼 보이지만 다문화주의 시민교육의 정교한 순차적 실행 필요성으로 해석할 수 있다. 우선 북한 주민에 대한 이해와 시민적 관심의 제고, 사회적 약자로서 빈곤층에 대한 관심, 어린이와 여성, 노인에 대한 배려, 지역적 차별 현상에 대한 적절한 조정, 장애인에 대한 편견 해소 등이 사회과교육의 주요 주제로 다루어져야 하며, 병행하여, 소수이주집단의 문화 정체성에 대한 이해와 시민권의 부여, 사회 구성원으로서의 소수자들의 정체성과 차이 인정, 그들에 대한 실질적 기회균등 보장, 결과의 평등 지향을 통한 새로운 분배 정의의 실현 등의 주제가 점진적으로 사회과에 도입되어야 할 것이다. 이것이 민주주의 헌정체제가 지향하는 기본 신조 가치들과 일치하는 일상의 주제들로 모두를 위한 다문화사회에 합당하기 때문이다.

또한 한국 사회의 다문화화는 글로벌 현상이라는 점에 관심을 기울일 필요가 있다. 사회과교육이 나와 이웃, 지역 사회, 국가, 세계적 차원의 민주시민성 함양을 목표로 하는 교과라면, 다문화 현상을 적정 활용하여 개인과 국가의 경쟁력을 동시에 신장시키면서 세계와 소통할 수 있는 방향성을 가져야 한다. 다문화사회에 적합한 확장적인 문화 시민을 길러내야 하는 것이다. 그러나 자유주의 계보의 출발점인 홉스(Hobbes), 로크(Locke)로부터 현대의 롤스(Rawls)에 이르기까지 자유주의는 일정한 경계를 가진 국가 사회를 전제하고 있다. 자연 상태나 무지의 베일이 작동하는 공간은 한정성을 가진 것이다. 공동체주의도 경계 확장의 가능성은 있지만 아리스토텔레스(Aristotles)로부터 테일러(Taylor), 매킨타이어(MacIntyre) 등의 관점을 보면, 국가(polis) 한정적이거나 특정 맥락 혹은 역사적 공간에 머무른다는 점에서 자유주의와 같은 경계의 제한이 있다. 이에 비하여 다문화주의의 경우에는 소수자와 소수문화집단이 있는 장소와 공간이라면 어디에나 그대로 적용된다. 경계 초월의 가능성이 가장 높은 것이다. 이것은 글로벌 다문화화가 진행되고 있는 21세기의 국제사회와 국가사회에 중요한 함의를 가질 수 있다. 다시 말해, 다문화주의를 토대로 하는 사회과 시민교육은 글로벌 시대의 경계 초월적인 시민성 함양과 아울러 국민국가의 경쟁력을 자연스럽게 도모할 수 있는 주요 교육 전략으로 활용될 수 있는 것이다.

Ⅳ. 시민교육의 방향

 세계적으로 많은 다문화주의 정책 선진 국가들이 잇달아 다문화주의를 포기하고 다문화주의의 가치와 성과를 의심하게 하는 사건들이 일어나고 있다(전경옥, 2010: 42). 이것은 다문화주의를 사회 통합 정책의 일환으로 생각하는 국가에서 나타나는 현상이다. 이념으로서의 다문화주의와 소수자 인정으로서의 다문화주의를 정책으로서의 다문화주의와 병행하면 민주주의 헌정체제 국가에서 다문화주의는 새로운 사회 구성 논리로서 합당하게 실행될 가능성이 높다. 우리나라의 경우 소수문화집단 분리와 소수자 통합의 소극적 다문화주의를 지향하는 정책 경향이 강하지만 다문화주의 적용의 초기 단계이므로 굳이 실패하거나 철회되는 선행 다문화주의 적용 국가 사례를 따라갈 필요는 없을 것이다.

 철학적으로 자유주의 관점의 다문화주의와 공동체주의 관점의 다문화주의가 성립 불가한 것은 아니다. 하지만 자유주의적 다문화주의 입장에서 자유주의의 동등한 기회 보장에 의한 가치 배분과 최소 수혜자에 대한 최대 이득이라는 논지가 사회적 소수자를 배려하는 다문화주의와 양립될 수 있는 것처럼 보여도, 이것은 결국 개인의 자유 우선이라는 논지에 의해 형해화되므로 다문화주의가 주장하는 소수자에 대한 결과의 평등까지는 이르지 못하는 빈곤한 논리이다. 또한 공동체주의는 집단의 문화적 특수성을 인정하여 다문화주의와 맞닿아 있다는 점에서 공동체주의적 다문화주의는 가능하다. 그러나 공동체주의는 공동체 혹은 집단 우선성에 집착한다는 점에서 다문화주의와 결별한다. 문화란 개체적이면서도 총체적 의미를 가진다는 점에서 다문화주의는 공동체주의보다 이론적으로 풍요롭다.

이것을 달리 생각하면, 자유주의 혹은 공동체주의 전통을 가진 주류문화집단이 지속적으로 우월적 지위에 있는 국가에서는 다문화주의 정책 노선이 불편할 수도 있다는 논거이다. 다문화주의에서 주장하는 문화 정체성의 인정과 소수자들의 동등한 자아실현 기회 보장, 결과의 평등 지향과 같은 사실상 민주주의 신조 가치와 일치하는 의제(agenda)들은 기존의 다수자 집단과 다수자들이 보기에 분배적 정의의 위반, 사회 통합과 연대의 침해 등으로 여겨질 수 있다. 다문화주의가 민주적 형평주의와 일관된 논지를 갖고 있다는 점이 국민국가 내부의 정주 사회와 이주 사회에 모두 알려지고 실행될 경우 이를 조정하거나 감당할 정책적·사회적 역량이 아직 성숙해 있지 않다는 것으로 판단할 수 있다.

마찬가지로 사회적 효율성을 교과 모토로 삼고 있는 사회과에서 다문화주의 시민교육은 전면 실행이 어렵다. 한국인 남성과 외국인 여성으로 이루어진 결혼 이민자 가정 자녀를 중심으로 제한적인 수준에서 이해와 통합의 다문화주의 시민교육이 적용되는 것이 현실이다. 외국인 근로자 가정 자녀들은 사실상 사회과 시민교육의 사각에 놓여 있으며, 북한 이탈 주민 가정 자녀들은 북한 정체성으로 인하여 한국 사회에서 겉돌고 있는 실정이다. 이런 상황에서 정주 사회의 사회적 소수자들로서의 젠더와 여성, 빈곤층,

지역, 병역, 장애인 집단과 구성원들에 대한 다문화주의 논리에 기반을 둔 사회과 시민교육을 실행하기에는 더욱 역부족이다. 따라서 현재의 부분 실행 수준을 점차 확대하여 다문화가정 자녀들에 대한 전반적으로 동등한 다문화주의 시민교육을 적용하면서, 새롭게 등장하고 있는 소수자들을 포용하는 단계까지 확장해 나가는 것이 합리적이라 생각한다.

정의롭지만 차가운 자유, 따뜻하지만 완고한 덕에 비하여 문화는 정의롭고 따뜻하며 동등하다. 자유주의와 공동체주의보다 다문화주의가 가치 배분, 사회 통합, 정체성 인정 차원에서 민주주의 헌정체제의 정교화 논리로 적합한 이유는 정의롭고 포용력을 갖추었기 때문이다. 한국 사회는 글로벌로 인한 다문화사회로 이행되어 가는 전환기를 지나고 있다. 현재 진행 중인 다문화주의에 대한 논의가 자유주의와 공동체주의 관점에서 비판적으로 사유되기보다는 다문화주의 그 자체의 논리를 합당하게 비판하는 관점이 필요한 시기이다. 적어도 한국 사회에서 다문화화를 기존의 자유주의와 공동체주의로 접근한다는 것은 새로운 사회 현상에 대한 이해와 좋은 사회 구성 논리의 도입 기회를 무의식 혹은 과의식적으로 외면하는 우를 범할 수도 있다는 점에서 재성찰되어야할 부분이다.

21세기 이주의 시대의 사회과 시민교육은 글로벌 다문화 현상을 구성적으로 해석하기 위한 이론이 필요하다. 사회과 교실 수업에서 학습자들이 배워야 할 교육과정 주제들은 민주주의 헌정체제의 실질적이고도 정교한 운영에 좀 더 다가서게 하는 것들로

편성되어야 한다. 다문화사회의 도래는 민주주의와 민주시민에
대한 재해석을 다른 차원에서 가능하게 해주는 다문화주의 담론
을 형성시키고 있다. 다문화주의는 이주소수집단의 소수자들로부
터 주류다수집단 내의 또 다른 소수자에 이르기까지 모두의 정체
성 인정을 주장하면서 시민적 자유의 확대, 동등한 가치의 배분,
국민국가의 적정 통합에 기여하는 이론적 정체성을 갖고 있다. 그
러므로 다문화주의 시민교육은 민주적 형평주의를 사회과에 구현
하여 국내와 국제사회의 변화에 합당하게 대응하는 문화 시민을
형성시키는 교육 논리로 실행될 수 있는 것이다.

12. 정치사회화와 다문화교육

Ⅰ. 다문화 정치사회화의 전략

　정치사회화는 시민이 정치적으로 성숙해지는 발전적 과정이다.[031] 시민은 그를 둘러싼 정치세계에 관련된 것들을 이해하고 평가하기 위한 복합적인 신념, 감정, 지식을 습득한다(Dawson & Prewitt, 1969: 17). 민주주의 헌정체제에서의 정치사회화는 민주적 내용과 방법으로 이루어져야 한다. 그래야 현재의 정치체계는 안정을 유지하면서 발전된 모습으로 변화해 나갈 수 있다. 다문화주의가 민주주의 헌정체제의 원리에 가장 가까운 것이라면 정치사회화 과정에서 자유주의와 공동체주의보다 선행되어야 할 것이다. 이

---

[031] 여기서의 시민이란 어린 시민(early citizen)과 성인 시민(adult citizen)을 동시에 의미한다.

런 기본 관점을 견지하면서, 교육이 정치사회화 과정에서 정치적 인지와 참여, 정치적 태도의 형성에 결정적인 변수가 된다는(Al.mond & Verba, 1965: 379~382 참조) 점을 고려하여 다문화 정치사회화의 전략적 차원이 다문화교육 관점에서 구안되어야 한다.

정치사회화는 우월한 정치문화와 일치되도록 진행되는 경우가 일반적이다. 그러나 어린이들의 정치적 정향(political orientation)이 언제나 현재의 정치문화와 일치하여 현상유지적 상황을 만들어 내는 것은 아니다. 예를 들어, 백인 중산층 어린이들을 대상으로 정치사회화의 산물을 조사했을 경우 우월한 정치문화와 기존의 정치체계를 지지하고 동질적인 경향을 보이는 반면, 흑인, 멕시코계 미국인, 푸에르토리코계 학생들을 대상으로 조사한 경우에는 현상유지적인 정치문화와 불일치하는 증거가 나타난다(Greenberg, 2009: 13~14). 정치사회화 과정에 다수집단의 광역문화와 소수집단의 협역문화 간의 차이를 반영하지 않을 경우 자유주의와 공동체주의가 지적한 소수자의 권리 침해와 사회의 균열이 언제든지 발생할 수 있는 것이다.

현재는 소수집단의 정치화가 사회적 세력으로 결속되어 드러나지 않고 있지만 소수집단의 주 세력으로 등장할 가능성이 큰 결혼이민자 가정 자녀들이 성장함에 따라 다수집단과의 사이에 인정의 정치와 분배의 정치 차원에서 언제나 마찰을 빚을 개연성이 있는 것은 사실이다. 따라서 '순차적'으로 의식적인 사회적 재생산에 소수집단 어린이들과 다수집단 어린이 등 모든 교육 가능한 어린이들이 참여하게 하여 그들의 사회를 총체적으로 개조하도록 교육하는 민주적 교육이(Gutmann, 1987: 39) 다문화 정치사회화의 기본 관점으로 구현되어야 할 것이다. 모든 사람들에게 가치 분배 및 사회 통합 등에 관한 문제 해결에 참여할 기회를 부여해야 민주적 교육에 기초한 다문화 정치사회화가 성립될 수 있다.

여기서 '순차적'이라는 것은 소수집단이나 다수집단과 그 구성원들이 자기 문화 중심주의에서 벗어날 수 있도록 다문화화의 수준별 혹은 단계별 전략을 구사해야 한다는 의미이다. 이와 관련하여 월드런(Waldron)은 '일인, 일문화'[단일문화] 모형보다 '일인, 다조각'[다원문화] 모형이 더 현실적이라고 본다. 단일문화 모형은 다른 문화에 대한 존중이 본래 어렵고, 다원문화 모형은 개별 정체성의 확보에 더 유용하다는 점에서 자유적 개인주의와 가깝다는 것이다. 특히 다원문화 모형은 우월집단 문화의 헤게모니와 소수 종족집단의 전통에 의문을 제기하며, 문화의 본질과 연관된 본질주의(essentialism)를 비판하는 관점을 제공해주는 것으로 판단한다(Waldron, 1996: 91~92). 한국 사회의 특수성을 반영한 다문화 정치사회화의 논리는 다원문화 모형이 주는 함의를 통해 구체화될 수 있을 것이다.

이런 관점에서 다문화 정치사회화의 기본 전략을 뉴만(Newmann, 1973)과 김용신(2008)의 논의를 토대로 수정·보완하여 개인과 국가의 1차적 차원과, 분리와 포용 및 이해와 통합의 2차적 차원으로 구분하여 제시하면 <표 12-1>과 같다.[032] 첫째, 분리와 통합

---

032 이에 관한 상세한 논의는 William Newmann, *A Study of Minority Groups and Social Theory*(N. Y.: Harper & Row, 1973), 김용신, "다문화사회의 시민형성 논리: 문화민주주의 접근", 『비교민주주의연구』, 제4집 2호(2008)를 참조할 것.

차원의 동화주의는 다수자로서의 국가는 소수이주집단에 대해 시혜적 차원의 정치사회화 프로그램을 제공하고 소수자로서의 개인들은 분리되어 주류 정주집단의 문화에 동화되는 초보적 전략이다. 둘째, 분리와 이해 차원의 융합주의는 소수자의 문화 정체성이 다수자들에게 용인되기는 하지만 개별적으로 분리되어 인정된다는 점에서 실질적으로는 동화주의 전략과 동일한 결과를 나타내는 정치사회화 전략이다. 셋째, 포용과 통합의 문화다원주의는 다수자들의 우월적인 중심문화를 인정한 상태에서 소수자들의 문화 정체성을 적극적으로 수용하는 입장이다. 정체성의 인정이 구현된다는 점에서 다문화 정치사회화의 본질에 가깝다. 넷째, 포용과 이해의 다문화주의는 다수자들의 중심문화의 헤게모니를 소수자들의 문화 정체성과 동등한 지위에서 고려하는 정치사회화 전략이다. 다문화주의 정치사회화 이론을 그대로 반영하는 차원으로 볼 수 있다.

<표 12-1> 다문화 정치사회화의 전략적 차원

차원		국가	
		통합	이해
개인	분리	동화주의	융합주의
	포용	문화다원주의	다문화주의

<표 12-1>에서 동화주의와 융합주의, 문화다원주의와 다문화주의의 각각의 차이는 다수자들의 중심문화의 여부에 있다는 점에서 유사하다. 즉, 동화주의는 주류집단의 중심문화에 소수집단

이 적응하여 동화된다는 차원인데, 융합주의는 개념상으로 중심문화의 존재를 인정하지 않는다. 그러나 소수자들이 각각의 개체로 국가 차원에서 용인되므로 실질적으로는 중심문화로의 동화를 가져올 수밖에 없다는 한계를 지닌다. 같은 맥락에서 다문화주의는 문화적 다양성의 존중이라는 점에서는 문화다원주의와 일치하지만 중심이 되는 문화를 인정하지 않고 모든 문화를 상대화하고 있다는 점에서 다르다(박남수, 2000: 103). 문화다원주의와 다문화주의는 소수자들의 정체성을 실질적으로 동등하게 인정하는 전략으로 같은 적용 결과를 산출할 수 있지만, 사회구조적인 변혁까지 추구하면서 다문화 정치사회화를 실행하는가의 문제에서는 궤를 달리한다. 다문화주의 정치사회화 전략은 소수집단의 정체성 인정이 합헌적이라면 언제든지 사회개혁운동에 나서야 한다는 입장이다. 동화와 융합 정치사회화 전략은 우리나라와 같이 초기 다문화화 단계에서 많이 적용되거나 프랑스와 중국처럼 정책이나 이념적 차원에서 통합주의를 선택할 경우 효율적으로 구사된다. 문화다원과 다문화 정치사회화 전략은 미국처럼 태생적 다문화 국가로서 이주자들이 다수자를 형성하는 공동체에서 나타나는 정치사회화 전략으로 볼 수 있다.

II. 정치사회화의 다문화교육 접근

정치사회화의 다문화교육 접근은 어떤 이론적 관점이나 전략적 차원에 따라 시민성을 정치사회화의 산물로 설정하는가에 의해 달라질 수 있다. 물론 다문화교육은 다문화주의에 기초해야 일관성을 확보할 수 있으나, 여기서는 정치사회화의 실제 산출물인 시민성과 관련하여 동화주의와 융합주의, 문화다원주의, 다문화주의로 나누어 살펴보기로 한다. 동화주의는 자유 동화적 입장에서 시민적 자유의 정치를 추구하므로 법적 시민성, 융합주의는 공동체 통합의 측면에서 사회적 연대에 관심을 가지므로 최소 시민성, 문화다원주의는 사회질서체계의 범주를 인정하면서 문화 정체성의 동등한 실현을 강조하므로 능동 시민성, 다문화주의는 사회개혁적 성격을 가진다는 점에서 변환 시민성과 연계 지을 수 있다. 또한 김용신(2008)이 제시한 균형주의033는 모두를 위한 민주적 다문화주의를 겨냥하면서 혼합 다문화교육을 지향한다는 점에서 균형과 포용 시민성으로 나타낼 수 있다. 이것을 다시 구체화하면, 현실 세계에서 사회의 구조적 변화를 유도하지는 않는다는 점에서 실질적으로는 주류다수집단의 입장을 반영하는 법적－최소 다문화교육, 구조적 변화를 의도하되 전통 질서 체계를 인정하는가

---

033 김용신은 실질적인 다문화교육의 적용 차원에서 민주주의의 자유와 평등, 정의 원칙에 기초한 균형주의(principle of equilibrium)를 혼합적 접근 방법의 원리로 개념화하여 제시하고 있다. 이에 관하여는 김용신, "초등사회과 교육과정의 다문화 개념 분석", 『사회과교육』 제47권 2호(2008), pp.5~22를 참조할 것.

에 따라 구분되는 능동-변환 다문화교육, 실제 다문화주의의 현장 적용을 강조하면서 모두를 위한 다문화교육을 지향하는 균형-포용 다문화교육으로 나눌 수 있다.

첫째, 법적-최소 다문화교육은 시민권의 부여와 투표 참여와 같은 기본적인 참정권의 인정과 관련되어 있다. 우리나라 헌정체제의 기초적인 부분을 이해하여 최소한의 사회 구성원으로서의 지위를 확보하게 해주는 접근이다. 이것은 다수자와 소수자의 분리교육 차원에서 실행될 수 있다. 사실 기본 의사소통이 어려운 외국인 근로자 자녀의 경우 초기 단계에서 분리교육이 절실하며, 북한 이탈 주민 자녀의 경우도 남북한의 문화 차이와 학력 차이로 부적응과 이탈의 문제가 심각할 뿐 아니라, 어린 나이에 받은 육체적·정신적 상처가 깊기 때문에 이들의 특성을 적극적으로 배려하는 분리교육이 필요하다(오경석 외, 2007: 222). 분리교육을 진행하면서 한국 사회에 대한 긍정적 인식과 정체성의 혼란으로 인한 부적응 양상을 치유하거나 감소시키는 정치사회화가 실천될 수 있다.

또한 국가 차원에서 가장 관심을 갖고 대응하는 결혼 이민자 가정 자녀의 경우 중국계나 일본계가 많기 때문에 한국인과 구별되어 교육받는 것을 꺼리게 되는 경향이 있다. 따라서 법적-최소 차원의 분리교육은 이주의 초기 단계에 적용되는 것이 좋으며, 그들의 정체성을 자연스럽게 인정하면서 점차 협력학급이나 협력학교를 활용한 통합교육을 실시하고 국가수준의 다문화 교육과정 속에서 통합교육을 모색해 나가는 것이 타당하다고 본다(오경석 외, 2007: 222). 즉, 다수자와 소수자 간의 다문화 인정의 정치 차원으로 이행하기 위한 초기 단계에서 법적-최소 다문화 정치사회화가 실천된다고 볼 수 있다.

둘째, 능동-변환 다문화교육은 소수이주집단의 학생들에게 다수정주집단의 학생들과 동등한 수준의 다문화 이해와 포용을 추구하는 방법이다. 소수자들이 겪는 사회적 차별과 문제점들을 적극적으로 다루어 해결할 수 있는 능력을 함양시켜 주는 참여적이고 개혁적인 다문화 정치사회화 방법이다. 능동-변환 다문화교육은 다른 문화에 대한 인지적 이해를 넘어서서 다른 문화에 대한 공감적 배려와 공존을 실행하는 것을 말하므로 단순히 다른 문화를 수긍하는 데서 오는 정신적 여유로움과 문화적 풍요로움을 가져다줄 뿐만 아니라 교육적인 혜택도 풍부하게 만들어준다(한준상, 2008: 279). 능동-변환 차원의 다문화교육 환경 조성은 다중언어의 습득과 함께 아이들의 두뇌 발달에도 긍정적으로 작용하여 국가적인 경쟁력이 되는 인적 자원을 풍요롭게 해줄 수 있다.

성공적인 다문화교육은 다중 국적 정체성을 가진 아이들을 길러내는 방향 설정을 통해 구현되어 나가는 것으로 볼 수 있다. 가정과 학교에서 자연스럽게 어머니 나라 말과 아버지 나라 말을 구사할 수 있는 다문화교육 환경을 조성해야 하며, 방과 후 학교 활동에서는 가족과 함께하는 다문화 교실 프로그램을 확대 운영하여 미래의 외교관, 해외 파견 근로자, 다문화 예술가 등을 양성하는 것이 중요하다. 현재 주어진 다문화 상황을 사회와 국가, 개인의 발전을 위해 해석해 나가는 일은 다문화교육의 핵심 부분이다. 있는 것도 활용 못 하는 사회와 국가는 갈등과 퇴보를 경험한 선행 다문화 국가들의 전철을 밟지 않으리라는 보장이 없다. 우리나라의 경우 소수집단의 결속이 이루어지지 않은 단계의 다문화 사회이므로 문화다원주의 차원의 정치사회화 방법이 고려되어야 할 것으로 본다. 그러나 민주주의 헌정체제의 모토를 긍정적으로 실현해 내는 관점으로 다문화 정치사회화가 진행되어야 한다는 원칙은 언제든지 실행될 수 있도록 다문화주의 정치사회화 방법이 고려되어야 할 것이다.

셋째, 균형－포용 차원의 다문화교육은 정치사회화의 실제적 모습을 혼합 차원에서 구현하는 방법이다. 현재 한국 사회에는 다문화교육이 우리나라의 단일민족으로서의 정체성을 훼손하려는 것이 아니냐는 의문을 제기하거나, 국제화 세계화로 진전되는 추세에서 국제이해교육과 같은 맥락에서 보고 단순히 다른 나라의 전통문화에 대한 이해 교육으로 생각하는 경향이 존재한다(김선미・김영순, 2008: 54). 이것은 북한과의 이념적・정치적 대립 상황과 한국의 주류정주사회의 문화적 전통이 반영된 현상으로 다문화주의의 실제적 한계를 보여준다. 역사적으로 민족국가 형성이 아직 이루어지지 않은 상황에서 다문화주의의 적극적인 정치사회화 과정으로의 수용은 국가 정체성 혹은 국민성의 약화를 초래할 것이므로 다른 문화에 대한 이해는 국제이해교육의 차원에서 소개하는 형식을 취하는 것이 옳다는 견해이다.

이러한 한국적 특수성을 다문화 정치사회화의 방법에 반영한 것이 균형－포용의 다문화교육이다. 균형－포용 차원의 정치사회화는 균형주의와 포용교육에 기반을 두고 있다. 균형주의란 동화주의와 다문화주의의 중간노선으로 소수와 다수, 주류문화와 주변부문화, 개인과 국가, 학생과 학교가 민주적 원리에 따라 눈에 보이는 실제적 형평을 추구하는 문화민주주의 접근이다(김용신, 2009: 17). 민주주의 헌정체제의 원리를 실제적 차원에서 다문화교육에 접속시키려는 의도를 갖고 있다. 즉, 엄밀하게 말하여 이념형(ideal type)으로 존재하는 동화주의, 융합주의, 문화다원주의, 다문화주의 정치사회화 방법을 실천적 차원에서 구안하고 적용하려는 것이 균형주의의 논리인 셈이다. 따라서 균형주의는 다문화교육의 상황이나 학습 주제에 따라 법적-최소 다문화교육과 능동-변환 다문화교육 방법을 혼합하여 정치사회화 과정에 적용하는 다문화교육으로 나타난다.

포용교육(inclusion education)은 특수교육 분야에서 장애인이나 영재아를 일반 아동과 통합시켜 교육해야 그들의 특수성이 보편성 속에서 인정될 수 있다는 교육철학에 기초한다. 따라서 포용교육을 다문화교육의 방법적 차원에 도입하면 모두를 위한 다문화 정치사회화라는 모토가 성립된다. 국제연합교육과학문화기구(UNESCO)에 따르면 모두를 위한 교육으로서의 포용교육은 부인의 단계(배제), 수용의 단계(분리), 이해의 단계(통합), 지식의 단계(포용)를 거친다.[034] 이러한 포용교육의 논리를 다문화교육에 적용시키면, 민주적 형평주의에 기반을 둔 소수자와 다수자를 포

---

034 UNESCO, *Guideline for Inclusion: Ensuring Access to Education for All*(Paris, UNESCO, 2005), p.24.

함하는 모두를 위한 시민교육, 포용 다문화교육이 되는 것이다. 포용 논리에 기초한 다문화교육의 구체적인 내용의 실천은 <그림 12-1>과 같은 차원에서 이루어진다.

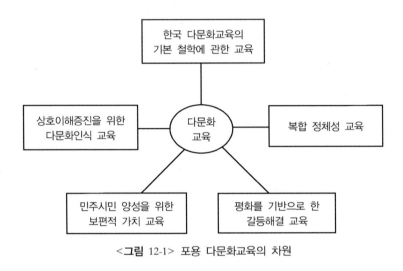

<그림 12-1> 포용 다문화교육의 차원

※ 출처: 황은영, "포용교육에 기초한 다문화교육의 재성찰", 『글로벌교육연구』, 제2집 1호(2010), p.48.

다문화교육의 기본 철학에 관한 교육은 한국 사회에 적합한 다문화주의의 정치사회화 과정에의 적용 논리로서 동화와 융합, 문화다원과 다문화 등에 대한 철학적 사유와 이에 대한 교육을 의미하며, 복합 정체성 교육이란 다문화가정 자녀들이 부모의 문화 정체성을 자연스럽게 구현해 낼 수 있도록 학교교육에서 지원해주는 정치사회화 방법을 말한다. 또한 평화를 기반으로 한 갈등해결 교육은 소수자와 다수자의 차이에 의한 편견이나 차별이 발생할 경우에 대응하는 정치사회화 방법으로 평화적 중재 프로그램 등의 실천을 의미하며, 민주시민 양성을 위한 보편적 가치 교육은 한국의 민주주의 헌정체제에 대한 이해와 함께 동일한 공간과 장소, 시간대에서 생활하는 사회 구성원으로서의 민주적 가치에 대한 정치사회화를 말한다. 상호이해증진을 위한 다문화인식 교육은 서로 다른 문화적 특성을 긍정적으로 인식하는 다문화교육의 기초 수준의 프로그램을 정치사회화에 적용해야 한다는 것을 의미한다. 결국 포용 다문화교육이란 다수집단과 다수자들, 소수집단과 소수자들이 한국 사회라는 범주에서 공존하며, 자신들이 갖고 있는 문화 정체성을 공감적으로 이해하고, 이것을 시민생활 속에서 자연스럽게 드러내는 차원의 정치사회화 방법으로 볼 수 있다.

Ⅲ. 다문화사회의 정치사회화

한국 사회가 소수 이주자들의 가시적인 등장으로 다문화화되어 감에 따라 기존의 정치사회화 이론으로 여겨져 온 자유주의와 공동체주의는 다문화적 관점에서 재해석될 필요가 있다. 개인적 자유를 우선하는 자유주의와 공동체의 덕을 우선하는 공동체주의는 문화라는 일상적 생활 세계의 담론을 이론적 차원에서 담아내기에는 역부족으로 보인다. 자유주의는 자연 상태라는 가설적 상황에서 옳음에 이르는 정의의 원칙들을 도출하여 현실 세계에 적용해 왔으나, 실제로는 사회적 약자로서의 소수자들을 외면하는 결과를 초래해 왔다. 다수자와 소수자들이 각각 개별적으로 혹은 집단적으로 존재하는 정치체계에서 작동하는 권력과 지위성으로 인한 차별을 자유주의 정치사회화 과정에서 해소하기에는 어려워 보이는 것이 현실 세계의 질서이다.

공동체주의의 경우 사회적 연대 의식의 함양을 통해 사랑과 우정이 통용되는 행복한 사회를 제시한다. 온정이 있는 덕에 의해 지배되는 공동체는 차가운 자유가 지배하는 정의로운 사회보다는 좋음을 실현하기에 더 낫다는 견해이다. 이때 소수자 혹은 소수집단들의 문화적 특수성은 인정된다. 우애가 보편화된 공동체에서는 상호 존중에 의한 양립이 가능하기 때문이다. 하지만 공동체주의가 주장하는 덕의 본질은 전통적으로 역사적으로 다수주류집단의 문화를 반영할 수밖에 없는 것이 현실 세계의 사실상의 권력관계이다. 사랑과 우정이 통용되는 공동체는 사실상 덕을 만들어 내고 유지하는 특정 집단의 우월성에 봉사하게 되는 것이다. 민주주의 헌정체제에서 실현되어야 할 사회적 소수자들에 대한 배려가 실제로는 형식적 수준에 그칠 가능성이 언제나 정치사회화 과정에 존재하는 것이다.

그러므로 다문화사회의 정치사회화는 시민적 자유와 사회적 연대에 기여할 수 있는 동시에 소수자와 다수자의 문화 정체성을 동등하게 인정하는 다문화주의에 기초하는 것이 옳음과 좋음을 함께 고루 실현하는 방향으로 판단된다. 자유주의와 공동체주의가 비판하는 소수집단의 정체성 인정에 의한 개인성의 침해와 국민국가의 통합 훼손은 다문화주의가 지향하는 민주적 형평주의에 의한 개인 - 사회 - 국가 - 세계 차원의 정체성의 동등한 조정과 균형에 의해 해소될 수 있다. 이것은 민주주의 헌정체제의 실질적 생활 세계에의 구현이라는 점에서 정당하다. 소수집단과 다수집단, 그리고 그 구성원들은 언제든지 통치할 수도 있고 통치받을 수도 있다는 평범한 민주적 원칙이 적용되는 다문화주의 정치사회화 과정을 통하여 공존과 공감, 형평성을 추구할 수 있는 것이다.

이러한 다문화 정치사회화 이론은 방법적 차원의 다문화교육 관점에서 실천될 수 있다. 본 장에서는 동화와 융합, 문화다원주의를 순차적으로 포괄할 수 있는 다문화주의가 기본 전략으로 제안되었다. 이것은 한국적 다문화 상황을 고려한 결과로서 법적 - 최소, 능동 - 변환 다문화교육이 균형 - 포용 다문화교육 차원에서 혼합적으로 실행되면 민주주의 헌정체제의 기본 신조 가치들을 동등하게 실질적으로 구현해 내는 정치사회화 방법으로 작동할 수 있다는 논리적 유용성을 지닌다. 이런 다문화 정치사회화 이론과 전략, 방법들이 한국 사회에 적용되기 위해서는 정치사회화 방법으로서의 다문화교육의 과제로 지적되고 있는 다문화교육 개념에 대한 이해 부족, 다문화사회에 대한 이론적·체계적 접근 결여, 다문화 정치사회화의 내용과 범위, 대상 선정의 미비, 다문화교육에 활용할 수 있는 전문가와 교재, 자료의 불충분, 글로벌 다문화화 현상을 이해할 수 있는 경험 자료의 독과점, 소수자들의 문화 정체성에 대한 오해 등이 숙의되고 검토될 필요가 있다.

요컨대 다문화 정치사회화 방법으로서의 다문화교육은 소수자 중심 또는 편향 교육이 아니라는 사실이 주지되어야 한다. 자칫 소수이주집단의 정체성을 인정해야 한다는 주장은 이주자들의 시민적 자유권과 참정권이 제대로 보장되지 않는 한국 사회에서 불필요한 오해를 일으켜 자민족 중심주의에 호소하는 왜곡된 흐름으로 전이될 수 있다. 다문화교육은 다수자와 소수자 모두를 위한 포용 논리에 기반을 두고 있다는 논지가 지속적으로 일반화되어야 하는 것이다. 이를 위해 한국 사회가 다문화사회인가 아닌가 하는 소모적 논쟁을 넘어서 다문화 상황을 인정하고, 다문화를 개인과 사회, 국가 차원에서 긍정적으로 활용하는 대안 논리를 생성해 내는 담론이 진행되어야 한다. 다문화주의를 수용하는 정치사회화 논리가 실천되면 다문화 가정 자녀들이 한국 사회에 기여할 수 있는 방법이 실질적으로 구현될 수 있고, 미래 국가 경쟁력과 잠재적 인적 자원으로 활용될 수 있다는 점이 인식되어야 할 것이다.

참고문헌

교과부(2012). **사회과 교육과정**. 교육과학기술부 고시 제2012-14호.

교과부(2011). **사회과 교육과정**. 교육과학기술부 고시 제2011-361호.

김선미·김영순(2008). **다문화교육의 이해**. 서울. 한국문화사.

김용민(2002). "공동체주의와 시민교육." 이용필 외(2002). **세계화 과정에서 공동체주의 이념과 국가**. 서울. 신유. 105~131.

김용신(2013). "2011 초등사회과 교육과정의 글로벌교육 지향성 분석." **사회과교육연구**. 20(1). 1~11.

김용신(2012). "제노포비아에서 포용으로: 다수로부터의 하나." **비교민주주의연구**. 163~182.

김용신(2012). "사회과교육의 정향으로서 시민성의 철학적 기저에 관한 비평." **사회과교육**. 51(1). 19~29.

김용신(2011). "한국 사회의 다문화화에 따른 정치사회화 이론의 재해석과 방법적 지향." **세계지역연구논총**. 29(1). 87~107.

김용신(2011). "다문화 소수자로서 외국인 노동자의 이주 정체성: 글로벌 정의는 가능한가?" **사회과교육**. 50(3). 17~27.

김용신(2011). **글로벌 다문화교육의 이해**. 경기. 이담북스.

김용신(2010). "사회과에서 다문화주의의 수용과 한계." **사회과교육**. 49(4). 85~96.

김용신(2009). "한국 글로벌교육 연구전통의 이해와 변환." **글로벌교육연구**. 창간호. 43~61.

김용신(2009). "한국 사회의 다문화교육 지향과 실행 전략." **사회과교육**. 48(1). 13~25.

김용신(2009). **다문화교육론서설**. 경기. 이담북스.

김용신(2009). "다문화가정 자녀의 교육 실태, 문제점, 그리고 비전." **교육정책포럼**. 196호. 8~11.

김용신(2008). "초등사회과 교육과정의 다문화 개념 분석." **사회과교육**. 47(2). 5~22.

김용신(2008). "다문화사회의 시민형성 논리: 문화민주주의 접근." **비교민주주 의연구**. 4(2). 31~57.

김용신(2006). **정치사회화와 시민성**. 경기. 한국학술정보.

김용진(1996). **방법론과 정치적 실존**. 서울. 인간사랑.

김원수(2011). "글로벌 스터디즈와 역사적으로 접속하기." **글로벌교육연구**. 3(1). 3~20.

김창근(2009). "다문화 공존과 다문화주의: 다문화 시민성의 모색." **윤리연구**. 73호. 21~50.

김충남(1982). **정치사회화와 정치교육**. 서울. 법문사.

김현덕(2007). "비슷하지만 다른 다문화교육과 국제이해교육." **국제이해교육**. 18호. 214~224.

김희정(2007). "한국의 관주도형 다문화주의." 오경석 외(2007). **한국에서의 다문화주의**. 경기. 한울. 57~79.

남호엽(2010). "글로벌화와 다문화사회의 이해." 남호엽 외(2010). **글로벌 시 대의 다문화교육**. 서울. 사회평론. 11~31.

남호엽(2009). "이민자를 위한 <한국사회의 이해> 강좌 운영 실행 연구." **글로벌교육연구**. 창간호. 3~15.

박남수(2000). "다문화 사회에 있어 시민적 자질의 육성." **사회과교육**. 33호. 101~117.

박호성(1994). **평등론**. 서울. 창작과비평사.

백지원(2011). "국적별 재외동포에 대한 초등학생의 인식 분석." **글로벌교육 연구**. 3(2). 25~44.

안경식 외(2009). **다문화교육의 현황과 과제**. 서울. 학지사.

오경석 외(2007). **한국에서의 다문화주의**. 경기. 한울.

오경석(2007). "어떤 다문화주의인가?" 오경석 외(2007). **한국에서의 다문화주 의**. 경기. 한울. 22~56.

유네스코아시아·태평양국제이해교육원 편(2008). **다문화사회의 이해**. 서울. 동녘.

유네스코아시아·태평양국제이해교육원 편(2003). **국제이해교육의 동향**. 서울. 정민사.

윤인진 외(2010). **한국인의 이주노동자와 다문화사회에 대한 인식**. 경기. 이담 북스.

이선옥(2007). "한국에서의 이주노동운동과 다문화주의."

오경석 외(2007). **한국에서의 다문화주의**. 경기. 한울. 81~107.

이화용(2010). "지구적 민주주의 담론에 관한 비판적 고찰." **비교민주주의연구**. 6(2). 5〜34.

장승진(2010). "다문화주의에 대한 한국인들의 태도." **한국정치학회보**. 44(3). 97〜119.

전경옥(2010). "다문화 사회의 학교 내 다문화 교육에 관한 연구." OUGHTO-PIA. 25(2). 41〜76.

전득주 외(1992). **현대민주시민교육론**. 서울. 평민사.

정두용 외(2000). **국제이해교육**. 서울. 정민사.

정호범(2011). "다문화교육의 철학적 배경." **사회과교육연구**. 18(3). 101〜114.

한경구(2008). "다문화 사회란 무엇인가?" 유네스코아시아·태평양국제이해교육원 편(2008). **다문화 사회의 이해**. 경기. 동녘. 86〜134.

홍성민(2008). "국제정치 문화 연구 방법론 서설." 홍성민 편(2008). **지식과 국제정치**. 서울. 한울. 63〜96.

홍원표(2008). "한국적 다문화 교육의 발전 방안 탐색: 미국 논의의 수용을 넘어서." **교육원리연구**. 13(2). 89〜113.

황경식(1999). "왜 자유주의와 공동체주의인가?" **철학연구**. 45권. 1〜15.

황은영(2010). "포용교육에 기초한 다문화교육의 재성찰." **글로벌교육연구**. 2(1). 31〜61.

행정안전부(2012). 지방자치단체 외국인주민 현황. 서울. 행정안전부.

법무부(2010). http://www.immigration.go.kr 2011.03.05 검색. 출입국·외국인정책본부 통계자료.

출입국·외국인정책본부(2013). http://immigration.or.kr 2013.05.21 검색. 출입국·외국인정책본부 통계월보.

Ackerman, Bruce A.(1980). *Social Justice in the Liberal State*. London. Yale University Press.

Alger, Chadwick F and Harf, James E.(1985). *Global Education*. Washington, D. C. American Association of College for Teacher Education.

Almond, Gabriel A. and Verba, Sidney(1965). *The Civic Culture*. N. J. Princeton University Press.

Amisi, Baruti. et al.(2011). "Xenophobia and Civil Society: Durban's Structured Social Division." *Politikon*. 38(1). 59〜83.

Aristotle, trans. Lord, Carnes(1984). *The Politics*. Chicago. The University of Chicago

Press.

Armstrong, Chris(2006). Global Civil Society and the Question of Global Citizenship. *Voluntas*. Vol.17. 49~357.

Arneil, Barbara(2007). Global Citizenship and Empire. *Citizenship Studies*. 11(3). 301~328.

Banks, James A.(2008). "Diversity, Group Identity, and Citizenship Education in a Global Age." *Education Researcher*. 37(3). 129~139.

Banks, James A.(2007). *Educating Citizens in a Multicultural Society*, 김용신·김형기 역(2009). **다문화 시민교육론**. 서울. 교육과학사.

Barber, Benjamin(1983). *Strong Democracy*, 박재주 역(1992). **강한 민주주의**. 서울. 인간사랑.

Bauman, Zygmunt(2000). *Liquid Modernity*. Cambridge, UK. Polity Press.

Bavin, Petr S.(2007). "Social Geography of Xenophobia and Tolerance." *Russian Politics and Law*. 45(4). 56~77.

Brighouse, Harry(1998). "Civic Education and Liberal Legitimacy." *Ethics*. 108(4). 719~745.

Brock, Gillian(2009). *Global Justice*. Oxford. Oxford University Press.

Brock, Gillian(2005). "Egalitarianism, Ideals, and Cosmopolitan Justice." *The Philosophical Forum*. 34(1). 1~30.

Brophy, Jere and Alleman, Janet(2007). *Powerful Social Studies for Elementary Students*. CA. Thomson Wadsworth.

Boyd, William(1963). *The Educational Theory of Jean Jacques Rousseau*. NY. Russell & Russell.

Camicia, Steven P. and Saavedra, Cinthya M.(2009). "A New Children Social Studies Curriculum for a New Generation of Citizenship." *International Journal of Children's Right*. 17. 501~517.

Caney, Simon(2001). "Cosmopolitan Justice and Equalizing Opportunities." *Metaphilosophy*. 32(1/2). 113~134.

Carens, Joseph H.(1987). "Aliens and Citizens: The Case for Open Borders." *Review of Politics*. 49(2). 251~273.

Carlsson-Paige, Nancy and Lantieri, Linda(2005). "A Changing Vision of Education." in Noddings, Nel. *Educating Citizens for Global Awareness*. NY. Teachers College Press. 107~121.

Castells, Manuel(2010). *The Power of Identity*. Oxford. Wiley-Blackwell.

Dagger, Richard(1997). *Civic Virtues*. Oxford. Oxford University Press.

Dahl, Robert A.(1991). *Modern Political Analysis*. NJ. Prentice-Hall International.

Dawson, Richard E. and Prewitt, Kenneth(1969). *Political Socialization*. Boston. Little, Brown and Co.

Earth Council(2002). *The Earth Charter: Values and Principles for a Sustainable Future*. San Jose, Costa Rica: The Earth Council.

Easton, David and Dennis, Jack(1969). *Children in the Political System*. Chicago. Chicago University Press.

Entwistle, Harold, 이해성 역(1993). 민주주의와 정치교육. 대전. 목원대 출판부.

Esquith, Stephen L.(1992). "Political Theory and Political Education." *Political Theory*. 20(2).

Farnen, Russell. eds.(2008). *Political Culture, Socialization, Democracy, and Education*. Frankfurt. Peter Lang.

Fullinwider, Robert K. ed.(1996). *Public Education in a Multicultural Society*. Cambridge. Cambridge University Press.

Geertz, Clifford(1973). *The Interpretation of Culture*. NY. Basic Books.

Gildin, Hilail(1983). *Rousseau's Social Contract*. Chicago. The University of Chicago Press.

Gilliom, M. Eugene(1981). Global Education and the Social Studies. *Theory into Practice* 20(3). 169～173.

Gollnick, D. M. and Chinn, P. C.(2002). *Multicultural Education in a Pluralistic Society*. NY. Macmillan.

Grant, Carl A. and Ladson-Billings, Gloria. ed.(1997). *Dictionary of Multicultural Education*. Pheonix, Arizona. Oryx Press.

Greenberg, Edward S. ed.(2009). *Political Socialization*. London. Aldine Transaction.

Gutmann, Amy(1987). *Democratic Education*. NJ. Princeton University Press.

Hanna, Paul R.(1987). *Assuring Quality for the Social Studies in Our Schools*. CA. Hoover Institution Press.

Harrison, Ross(1993). *Democracy*. NY. Routledge.

Hinsch, Wilfried(2001). "Global Distributive Justice." *Metaphilosophy*. 32(1/2). 58～78.

Hjerm, Mikael(2001). "Education, Xenophobia and Nationalism: A Comparative

Analysis." *Journal of Ethnic and Migration Studies.* 27(1). 37~60.

Jones, Rachel Bailey(2011). "Intolerable Intolerance: Toxic Xenophobia and Pedagogy of Resistance." *The High School Journal.* 95(2). 34~45.

Karlberg, Michael(2008). "Discourse, Identity, and Global Citizenship." *Peace Review: A Journal of Social Justice.* Vol.20. 310~320.

Kathy, Fredrick(2010). It's a Small World: Nurturing Global Citizens. *School Library Monthly.* 27(3). 39~41.

Kegley, Charles W. and Raymond Gregory A(2007). *The Global Future.* London. Wadsworth.

Kirkwood, Toni F.(2001). Our Global Age requires Global Education: Clarifying Definitional Ambiguities. *Social Studies.* 92(1) 10~15.

Kymlicka, Will(1992). *Contemporary Political Philosophy.* Oxford. Clarendon Press.

Kymlicka, Will(2002). *Contemporary Political Philosophy*, 장동진 외 역(2008). 현대 정치철학의 이해. 경기. 동명사.

MacIntyre, Alasdair(1981). *After Virtue.* London. Duckworth.

Marsh, Colin(1987). *Teaching Social Studies.* NJ. Prentice Hall.

Marshall, Thomas Humphrey(1950). *Citizenship and Social Class and Other Essays.* Cambridge. Cambridge University Press.

Maxim, George W.(2006). *Dynamic Social Studies for Constructivist Classroom.* NJ. Merrill Prentice Hall.

May, Stephen(2009). "Critical Multiculturalism and Education." in Banks, James A. ed.(2009). *The Routledge International Companion to Multicultural Education.* London. Routledge. 33~48.

McIntosh, Peggy(2005). "Gender Perspectives on Educating for Global Citizenship." in Noddings, Nel. *Educating Citizens for Global Awareness.* NY. Teachers College Press. 22~39.

Merryfield, Merry M.(1997). A Framework for Teacher Education in Global Perspectives. in *Preparing Teachers to Teach Global Perspective.* CA. Corwin Press. 1~24.

Moellendorf, Darrel(2002). *Cosmopolitan Justice.* MA. Westview Press.

Mulhall, Stephen and Swift, Adam(1997). *Liberals and Communitarians.* Mass. Blackwell.

Newman, William(1973). *A Study of Minority Groups and Social Theory.* NY.

Harper & Row.

Nietzsche, Friedrich(1988). *Zur Genealogie der Moral*, 강영계 역(2008). **도덕의 계보학**. 서울. 지만지.

Noddings, Nel, ed.(2005). *Educating Citizens for Global Awareness*. NY. Teachers College Press.

Nozick, Robert(1974). *Anarchy, State, and Utopia*. NY. Basic Books.

Nye, Joseph S.(2010). "The Future of American Power: Dominance and Decline in Perspective." *Foreign Affairs*. 89(6). 2~12.

Osler, Audrey and Vincent, Kerry(2002). *Citizenship and The Challenge of Global Education*. London. Trentham Books.

Oxfam(1997). *Education for Global Citizenship: A Guideline for Schools*. Oxford. Oxfam Development Education Programme.

Palonsky, Stuart B.(1987). "Political Socialization in Elementary Schools." *The Elementary School Journal*. 87(5). 492~505.

Parker, Walter and Jarolimek, John(1984). *Citizenship and the Critical Role of the Social Studies*. CO. NCSS.

Pike, Graham(2000). "Global Education and National Identity." *Theory into Practice*. 39(2). 64~73.

Plato, trans. Bloom, Allan(1968). *The Republic of Plato*. NY. Basic Books.

Rawls, John(1999). *A Theory of Justice*. Cambridge, MA. Harvard University Press.

Rawls, John(1971). *A Theory of Justice*. London. Oxford University Press.

Reische, Diana L.(1987). *Citizenship Goal of Education*. Virginia. American Association of School Administrators.

Ritzer, George(2010). *Globalization*. MA. Wiley-Blackwell.

Rosaldo, Renato(1989). *Culture and Truth*, 권숙인 역(2002). **문화와 진리**. 서울. 아카넷.

Rousseau, Jean Jacques, trans. Bloom, Allan(1979). *Emile*. NY. Basic Books.

Sandel, Michael(1982). *Liberalism and the Limits of Justice*. Cambridge. Cambridge University Press.

Sartori, Giovanni(1987). *The Theory of Democracy Revisited*. Chatham, NY. Chatham House.

Schattle, Hans(2008). Education for Global Citizenship: Illustrations of Ideological Pluralism and Adaptation. *Journal of Political Ideologies*. 13(1). 73~94.

Schenk, Caress(2010). "Open Borders, Closed Minds." *Demokratizatsiya* 18(2). 101～121.

Seglow, Jonathan(2005). "The Ethics of Immigration." *Political Studies Review.* Vol.3. 317～334.

Sewall, Gilbert T.(1996). "A Conflict of Visions: Multiculturalism and the Social Studies." in Fullinwider, Robert K.(1996). *Public Education in a Multicultural Society: Policy, Theory, Critique.* NY. Cambridge University Press. 49～61.

Sinwell, Luke(2011). "Obtaining 'Peace', Searching for Justice: Evaluating Civil Society and Local Government Responses to Xenophobia in Alexandra." *Politikon.* 38(1). 131～148.

Smith, Philip(2001). *Cultural Theory: An Introduction*, 한국문화사회학회 역 (2008). **문화이론.** 서울. 이학사.

Steenkamp, Christina(2009). "Xenophobia in South Africa: What Does it Say about Trust?" *The Round Table.* 98(403). 439～447.

Stopsky, Fred(1994). *Social Studies in a Global Society.* NY. Delmar Publishers.

Strauss, Leo and Cropsey, Joseph, eds.(1987). *History of Political Philosophy*, 김영수 외 역(1995). **서양 정치철학사 I.** 서울. 인간사랑.

Taras, Raymond(2009). "Transnational Xenophobia in Europe? Literary Representations of Contemporary Fears." *The European Legacy* 14(4). 391～407.

Tsolidis, Georgina(2011). "Memories of Home: Family in the Diaspora." *Journal of Comparative Family Studies.* 42(3). 411～420.

UNESCO(2005). *Guidelines for Inclusion: Ensuring Access to Education for All.* Paris. UNESCO.

Walzer, Michael(2008). *Thinking Politically*, 최홍주 역(2009). **마이클 왈저, 정치철학 에세이.** 서울. 모티브북.

Wilson, Richard W.(1981). "Political Socialization and Moral Development." *World Politics.* 33(2). 153～177.

찾아보기

김용신

서울교육대학교 사회과교육과, 교육전문대학원 초등사회과교육, 국제사회문화교육전공
교수로 재직 중이다. 한국외국어대학교, 서울교육대학교, 강남대학교, 대진대학교 강사와
서울특별시교육청 교사·교육연구사·장학사를 역임했으며, 비교민주주의연구센터, 한
국외국어대학교 글로벌정치연구소 연구교수, 중국중앙민족대학 방문학자, 서울교육대학
교 글로벌교육연구소 소장, 글로벌교육연구학회 회장을 거쳐, 한국사회과교육학회 부
회장, 한국정치학회·한국세계지역학회·21세기정치학회 이사로 활동 중이다.
주요 논저로는『사회과교육론서설』(2012),『글로벌 다문화교육의 이해』(2011),『다문화
시민교육론』(공역, 2009) 등이 있다.

글로벌
시민교육론
Global Citizen

초 판 인 쇄 | 2013년 11월 13일
초 판 발 행 | 2013년 11월 13일

지 은 이 | 김용신
펴 낸 이 | 채종준
펴 낸 곳 | 한국학술정보㈜
주   소 | 경기도 파주시 문발동 파주출판문화정보산업단지 513-5
전   화 | 031) 908-3181(대표)
팩   스 | 031) 908-3189
홈 페 이 지 | http://ebook.kstudy.com
E - m a i l | 출판사업부 publish@kstudy.com
등   록 | 제일산-115호(2000. 6. 19)

ISBN   978-89-268-5297-2 93370

이담
books 는 한국학술정보(주)의 지식실용서 브랜드입니다.